AF281723

1   Ernährung bei Untergewicht

Diese Empfehlungen bitte immer mit Ernährungsberater/in, Arzt oder Diätologen/in absprechen! Die Rezepte und Zutatenlisten unterstützen die medizinischen Therapien.

Die Kalorienangaben frischer Zutaten (Obst und Gemüse) und die Inhaltsstoffe schwanken je nach Qualität und Erntezeit. Die Inhalte wurden von einer Diätologin und einer Ernährungsberaterin für die Traditionelle Chinesische Medizin (TCM) geprüft.

Autor:
©2022 Josef Miligui
Liebe Leserinnen und Leser, ich wünsche Ihnen viel Erfolg und gutes Gelingen bei der Umstellung Ihrer Ernährung. Dieses Buch wurde aus eigener Erfahrung mit Krankheit und Ernährung geschrieben und ich habe schon immer das Zubereiten guter Speisen geschätzt. Wenn Sie nicht so geübt sind im Kochen, empfiehlt sich ein Kurs bei Ernährungsberatern oder Diätologen, die Ihnen die Grundlagen der Kochmethoden sowie die richtige Verarbeitung der Zutaten vermitteln können. Anhand der Lebensmittellisten aus diesem Buch können Sie weitere Rezepte entwickeln und entdecken.

Quelle:
Die Listen werden aus der EBNS-Datenbank für die Ernährungsberatung generiert. Die Datenbank wird von Ernährungsberater, Therapeuten und Ärzte für die Beratung der Patienten/Klienten verwendet und ermöglicht eine Kombination mehrerer Syndrome.

Literaturliste:
Wir haben die Unterlagen als Wissensbasis genutzt und an unsere Erfahrungen angepasst und ergänzt.
www.ebns.at

Herstellung und Verlag:
BoD – Books on Demand, Norderstedt
ISBN: 9783837035292

DIÄTETIK - Stoffwechsel - Essstörungen (Untergewicht)
(Buch: 041)

1.1 Vorwort

Die Weltgesundheitsorganisation (WHO) davon spricht, dass bis zu 80% der Erkrankungen durch äußere Faktoren wie Ernährung, Lebensstil, Umweltgifte und dergleichen beeinflusst werden.

Welche Faktoren also jeder einzelne von uns aktiv beeinflussen kann und somit seine Chancen auf Erhöhung der allgemein Gesundheit erzielen kann, darum geht es auf den folgenden Seiten.

Der Fokus in diesem Buch liegt auf dem Faktor mit der größten Hebelwirkung - der Ernährung.
Schon Hippokrates hat einst gesagt "Lass die Nahrung deine Medizin sein und Medizin deine Nahrung!" Kräuterpädagog:innen heute sagen so: "Es gibt für jede Krankheit das richtige Kraut."

Egal wie wir es drehen und wenden, wir sind was wir essen (und was unser Essen gegessen hat). Der moderne Mensch sieht sich gerne isoliert von seiner Umwelt. Wir entstehen aus unserer Umwelt, wir leben inmitten von ihr und wenn wir sterben gehen wir wieder in unsere Umwelt über. Während wir leben essen wir das, was in unserer Umwelt wächst (oder in Fabriken chemisch erzeugt wird). Diese Nahrung liefert die Energie und Bausteine, für den eigenen Körper, für den Stoffwechsel, Zellerneuerung, den Hormonhaushalt und damit für unser gesamtes Sein, die Gesundheit und unser Empfinden.

Hier ein paar Grundbausteine, bevor in dem Buch noch näher auf Ernährungsfaktoren eingegangen wird, die sozusagen der kleinste gemeinsame Nenner der meisten Ernährungsphilosophien sind:

- Saisonalität
  - Winterpflanzen, wie zum Beispiel verschiedene Kohlgewächse, versorgen uns mit Unmengen von Vitamin C und Bitterstoffen. Zwei Faktoren, die unser Immunsystem bei der Abwehr von der Kälte und den typischen Infekten in der Winterzeit unterstützen.
  - Sommerpflanzen wie zum Beispiel Gurken, Tomaten aber auch Zitrusfrüchte kühlen unseren aufgeheizten Körper und versorgen uns mit viel Wasser.
  - Außerdem müssen bei saisonalen Pflanzen weniger chemische Helferlein eingesetzt werden, da die passenden Umweltfaktoren das Wachstum sowieso fördern.
- Regionalität
  - Damit einher geht auch der Faktor der Regionalität. Regionale pflanzliche Lebensmittel werden reif geerntet und haben somit alle Nährstoffe entwickeln können. Im Gegensatz dazu wird Obst und Gemüse aus ferneren Ländern unreif geerntet und nur durch den Einsatz von chemischen Mitteln unnatürlich "nachgereift" - bzw. nur nach-gefärbt. Die Dichte der Nährstoffe und auch der Geschmack kann dabei niemals mit regionalen Lebensmitteln mithalten. (Sie haben es vielleicht schon selber erlebt, dass eine Südfrucht aus dem jeweiligen Ursprungsland dort im Urlaub viel süßer und vollmundiger schmeckt als die gleiche Frucht aus dem zentraleuropäischen Supermarkt).
- Pflanzenbasierte Ernährung
  - Ja, diese Basis teilen selbst die Anhänger der Fleischdiät mit den Veganern. Denn bei der Fleischdiät geht es auch um Fleisch von Tieren, die sich artgerecht, sprich von vielen Gräsern und Kräutern ernährt haben. Die Masse an Getreide in der heutigen Ernährung - egal ob bei Mensch oder Tier - entspricht nicht der natürlichen Ernährungsweise. Sie macht uns krank, dick und manche behaupten sogar dumm (das weist auf die Schädigung der neuronalen Netzwerke hin, die durch den Konsum von Kohlenhydraten

passiert hin). Pflanzen im Sinne von Gemüse, Kräutern, Salaten, Sprossen, in geringen Mengen Obst, Nüsse, Samen, etc. liefern neben den viel beschriebenen Vitaminen und Mineralstoffen vor allem sekundäre Pflanzenstoffe, die herausragende Heilwirkung haben. So werden eine Vielzahl unserer Medikamente auf Basis der natürlich vorkommenden Pflanzenstoffe nachgebaut. Allerdings sind da diverse Säuren und andere Wirkstoffe extrahiert und wirken nur alleine - mit den Pflanzen selbst nehmen wir sie in einer reichhaltigen und sich gegenseitig verstärkenden Kombination vielerlei wirksamer Stoffe zu uns.

Ja zusätzlich zu diesen 3 großen Punkten gibt es immer noch sehr viel zu beachten. Ein optimales Verhältnis von Omega 3 zu Omega 6 Fettsäuren (empfohlen wird 1:3), eine individuell und situationsbedingte Eiweißversorgung und so weiter.

Eine ganz gute und einfache Richtlinie für die alltägliche Ernährung bietet der ideale Teller. Der sieht so aus, dass möglichst jede Mahlzeit zur Hälfte aus pflanzlichen Bestandteilen besteht, ein Viertel der Eiweißversorgung dient und ein Viertel die Mahlzeit durch gute Fette und eventuell Kohlenhydrate abrundet.

Die Feinjustierung rund um die Zubereitungsarten, die Zusammenstellungen und so weiter sehe ich als sehr individuell an. Es gibt meines Erachtens nicht die 1 perfekte Ernährung. Es gibt so viele großartige Philosophien und Studien, die alle wunderbare Heilungen berichten und sich dabei aber gegenseitig ausschließen. Was auf den ersten Blick vielleicht paradox wirkt, eröffnet bei näherer Betrachtung ganz viele Möglichkeiten des Probierens und neuer Chancen.

Neben der Ernährung werden noch folgende Faktoren genannt:
- die Giftstoffbelastung in unserer Umwelt sowie in Pflegeprodukten oder eben in der Ernährung
- eine Balance aus Aktivität, (kurzzeitigem) Stress und der Entspannung wie auch Schlaf
- Aufarbeitung der emotionalen Wunden aus der Vergangenheit und Steigerung der Resilienz
- Biologische Zahnheilkunde
- eine optimierte Versorgung durch Heilkräuter, Heilpilze udgl.
- Früherkennung durch bewährte und schonende Verfahren

1.2 Beschreibung

Zerebrale Magersucht ist ein reduziertes Hungergefühl, wenn das Hungerzentrum geschädigt ist.
Organische Störungen
Appetitmangel: Häufig bei Erkrankungen mit Malignomen, chronischen Infektionen (ca. 250 kcal zusätzlich bei Temperaturanstieg um 1 Grad), chronischen Nierenerkankungen, Krankheiten des Verdauungstraktes, Hyperthyreose, Unterfunktion der Hypophyse
Ernährung: Grundkrankheit behandeln, Unverträglichkeiten beachten.

1.3 Therapiestrategie

Beginnen Sie mit einem reichhaltigen Frühstück, da am Morgen der Appetit meist am stärksten ist. Planen Sie häufige Zwischenmahlzeiten ein wie z. B. Sahnepudding, Creme Eis, Schokoriegel, Studentenfutter, Salzgebäck, Erdnüsse u. Ä. Versuchen Sie bei Ihren Rezepten Wasser durch Schlagobers oder Milch zu ersetzen. So können Püree, Cremesuppen, Knödel, Palatschinken u. Ä. kalorienreicher werden. Sesam-, Walnuss-, Sonnenblumen- oder Kürbiskerne sowie geriebener Käse in Suppen, Aufläufen oder auch Salaten liefern zusätzliche Kalorien. Legieren Sie Suppen mit Ei. Süßen Sie Kompotte und Getränke mit Honig oder Traubenzucker. Mit Maltodextrin (Apotheke) können sie ihre Getränke, Kompotte, Saucen etc. mit Kalorien anreichern. Maltodextrin ist ein geschmacksneutrales, koch- und backstabiles Stärkepulver.
Falls Ihr Arzt Ihnen eiweißreiche Kost verordnet hat, denken Sie an Joghurt, Topfen, Froufrou oder Käse und auch Eier. Eiweißkonzentrate aus der Apotheke können hilfreich sein. Kartoffel-Ei-Kombinationen wie Kartoffelteig, Kartoffelstrudel mit Ei, Kartoffelpuffer, legierte Kartoffelsuppe oder auch ein Weizen-Milch-Gemisch wie z. B. bei Eier Nockerln, Käsespätzle, Grießbrei sind sinnvoll. Energie- und Eiweißoptimierung liefern auch industriell hergestellte Trink- und Zusatznahrungen. Diese können in verschiedensten Geschmacksrichtungen getrunken werden.

1.4 Vermeiden

Kalorienarme Lebensmittel.

2 Speiseplan

2.1 Frühstück

Astronautenkost 1045,0
Avocado mit Zitrone 289,6
Bircher Müsli 384,0
Bratapfel 408,0
Cranberrisaft 43,5
Gemüse-Miso-Suppe mit Tofu 107,0
Geröstete Hirse mit Pflaumenkompott 139,3
Gerstenbrei mit Pflaumen 106,8
Haferflocken mit aromatischen Gewürzen 280,6
Herzhafter Polentabrei 262,0
Hirse mit Birnen 213,2
Hüttenkäse mit gedünstetem Obst 214,5
Joghurt mit Honig und Nüssen 258,0
Kürbisklößchen mit Tomaten-Petersiliensoße 380,5
Pikante Avocadocreme mit Hüttenkäse 613,8
Porridge mit Rosinen und Sake 427,0
Quarkknödel auf Erdbeermus 553,3
Reis mit Pastinake 206,5
Rhabarberkuchen mit Streuseln 475,8
Roher Selleriesalat 590,0
Rührei mit Blattsalat-Oliven-Tomaten 419,7
Rührei mit Rucola und Kräutern 360,0
Schnellpolenta mit Avocado und Frühlingszwiebel 449,5
Selleriesuppe 101,2
Vanillecreme mit Beeren 282,1

2.2 Jause

Gewürzkuchen mit Datteln 807,7
Rhabarberkuchen mit Streuseln 475,8
Zwetschgenkuchen 502,5

2.3 Mittag

Andalusischer Fischtopf 348,0
Astronautenkost 1045,0
Aubergine mit Olivenöl und Kurkuma 432,3
Avocado mit Zitrone 289,6

2.4 Nachmittag

2.5 Abend

3 Rezepte

empfehlenswert = Sie können mehr verwenden
wenig = wenn möglich weniger verwenden
weniger als angegeben = möglichst nicht verwenden

3.1 Andalusischer Fischtopf

Stärkt Immunsystem, beugt Krebs vor, löst Stagnation, fördert
Gewichtsabnahme, regt Appetit an. Gut bei Abwehrschwäche,
Appetitlosigkeit, Blähungen, Bluthochdruck, Depressionen, Diabetes,
Durchfall.

Anzahl Portionen: 4
Kalorien p. Portion 348
Gramm p. Portion 355,05
Kochdauer ca. 30 Min.
Allergene: ADLO
(Kohlehydrat:71,39% / Eiweiß & Fett:28,61%)
100g.≈ Eiweiß 20,04g. Fett:6,52g.
µg. - Ph:15,55 Na:20,18 Ka:34,69 Mg:13,44 Ca:42,9 Fe:0,13 Zn:0,02 Col.:0,79 Hsr.:9,89

Zutaten:
Grundrezept für eine Gemüsebrühe 500 ml. / 500g. (ja)
Zwiebel Frühlingszwiebel 2 Stück / 40g. (ja)
Olivenöl 1 EL / 20g. (empfehlenswert)
Zitrone Schale 1/2 Stück / 3g. (ja)
Lorbeerblatt 1 Stück / 1g. (ja)
Kartoffel 200 g / 200g. (ja)
Kabeljau 300 g. / 300g. (ja)
Weißwein 4 EL / 80g. (ja)
Zitrone Saft 1/2 EL / 10g. (ja)
Salz 1 Prise / 1g. (ja)
Pfeffer gemahlen 1 Prise / 0,2g. ()
Petersilie 1 EL / 15g. (ja)
Weißbrot (Weizenbrot) 8 Scheiben / 250g. (ja)

Kochanleitung:
Gemüsebrühe mit kleingeschnittenen Frühlingszwiebeln, Olivenöl,
abgeriebener Zitronenschale und Lorbeerblatt zum Kochen bringen und
zugedeckt 10 Min. kochen. Geschälte, kleingewürfelte Kartoffeln
zufügen und in ca. 8 Min. fast weich kochen. Fischstücke und Weißwein
zugeben und den Herd auf kleine Stufe schalten. In der leicht
kochenden Brühe den Fisch in wenigen Minuten gar ziehen lassen. Mit
Zitronensaft, Salz und Pfeffer abschmecken und mit Petersilie bestreut
servieren. Als Beilage Weißbrot dazu reichen.

3.2   Astronautenkost

Eiweißreiche Trinknahrung mit sehr hoher Energiedichte. Optimierter Eiweißanteil gleicht Stickstoffverluste aus und fördert die Proteinanabolie.

Anzahl Portionen: 1
Kalorien p. Portion   1.045
Gramm p. Portion   250
Kochdauer ca.   5 Min.
(Kohlehydrat:39,13% / Eiweiß & Fett:60,87%)
100g.≈ Eiweiß 115g. Fett:25g.
µg. - Ph:900 Na:290 Ka:1070 Mg:0 Ca:0 Fe:0 Zn:0 Col.:0 Hsr.:0

Zutaten:
Astronautenkost 1 Paket / 250g. (empfehlenswert)

Kochanleitung:
Nur nach Anweisung des Arztes oder Therapeuten verwenden.

3.3   Aubergine mit Olivenöl und Kurkuma

Fördert Durchblutung, lindert Entzündung und Schmerzen, fördert Verdauung, hilft Fett zu verdauen, ist harntreibend, senkt Blutdruck.

Anzahl Portionen: 2
Kalorien p. Portion   432
Gramm p. Portion   321,5
Kochdauer ca.   30 Min.
Allergene: A
(Kohlehydrat:47,45% / Eiweiß & Fett:52,55%)
100g.≈ Eiweiß 6,14g. Fett:30,66g.
µg. - Ph:12,28 Na:20,77 Ka:85,6 Mg:5,48 Ca:7,09 Fe:0,18 Zn:0,05 Col.:0,02 Hsr.:9,67

Zutaten:
Aubergine 2 Stück / 300g. (ja)
Olivenöl 4 EL / 60g. (empfehlenswert)
Tomate 4 Stück / 200g. (ja)
Kurkuma (Gelbwurz) 1/2 TL / 1g. (ja)
Kümmel 1 Prise / 1g. (ja)
Salz 1 Prise / 1g. (ja)
Weißbrot (Weizenbrot) 4 Scheiben / 80g. (ja)

Kochanleitung:
Aubergine in Scheiben schneiden und mit halbierten Tomaten auf einem Backblech ausbreiten. Mit Olivenöl beträufeln und mit Kurkuma, Kümmel und Salz würzen. Im Ofen 20 Min. backen. Mit dem Weißbrot servieren.

3.4 Avocado mit Zitrone

Gut bei Schlafstörungen, Entzündungen, Schwellungen, Schmerzen und Juckreiz, beruhigend.

Anzahl Portionen: 1
Kalorien p. Portion 290
Gramm p. Portion 131
Kochdauer ca. 5 Min.
(Kohlehydrat:16,54% / Eiweiß & Fett:83,46%)
100g.≈ Eiweiß 2,34g. Fett:28,24g.
µg. - Ph:37,02 Na:5,87 Ka:469,27 Mg:29,31 Ca:11,83 Fe:0,59 Zn:0,38 Col.:0 Hsr.:29,01

Zutaten:
Avocado 1/2 Stück / 120g. (empfehlenswert)
Zitrone Saft 1/2 Stück / 10g. (ja)
Salz 1 Prise / 1g. (ja)

Kochanleitung:
Avocado halbieren, Kern entfernen, Zitronensaft hineingießen, salzen und auslöffeln.

3.5 Bandnudeln mit Blattspinat

Fördert Verdauung und Durchblutung, stärkt Magen und Darm, verbessert Bauchspeicheldrüsenfunktion. Gut bei Appetitlosigkeit, Blähungen, Darmentzündungen, Fettsucht, Magengeschwüren, Magenkrämpfen, Rheuma, Sodbrennen, Zwölffingerdarmgeschwüren.

Anzahl Portionen: 2
Kalorien p. Portion 723
Gramm p. Portion 317,5
Kochdauer ca. 45 Min.
Allergene: ACG
(Kohlehydrat:59,52% / Eiweiß & Fett:40,48%)
100g.≈ Eiweiß 22,78g. Fett:36,63g.
µg. - Ph:63,29 Na:34,15 Ka:107,6 Mg:22,1 Ca:56,13 Fe:0,98 Zn:0,22 Col.:8,06 Hsr.:39,35

Zutaten:
Spinat 250 g. / 250g. (ja)
Salz 1 Prise / 1g. (ja)
Nudeln (Weizen, Bandnudeln) mit Ei 200 g. / 200g. (ja)
Olivenöl 1 EL / 15g. (empfehlenswert)
Zwiebel Frühlingszwiebel 1 Stück / 20g. (ja)
Sahne, süß 30% 100 ml. / 100g. (empfehlenswert)
Creme fraiche 1/2 EL / 6g. (empfehlenswert)
Thymian getrocknet 1/2 TL / 2g. (ja)

Basilikum (frisch) 1/2 TL / 2g. (ja)
Oregano getrocknet 1/2 TL / 2g. (ja)
Muskatnuss 1 Prise / 0,5g. (ja)
Pfeffer gemahlen 1 Prise / 0,5g. ()
Parmesan 20 g. / 20g. (empfehlenswert)
Pinienkerne 1 EL / 15g. (empfehlenswert)
Schwarzkümmel 1 Prise / 1g. (ja)

Kochanleitung:
In einem geschlossenen Topf den tropfnassen Spinat mit etwas Salz 3
Min. zusammenfallen und in einem Sieb abtropfen lassen. Danach fein
schneiden. Bandnudeln in reichlich Salzwasser bissfest kochen. Öl in
einer beschichteten Pfanne erhitzen und in Ringe geschnittene
Jungzwiebeln darin weich dünsten. Sahne, Crème fraîche, Thymian,
Basilikum, Oregano und Muskat dazugeben. Die Soße unter Rühren
etwas einkochen lassen, Spinat untermischen und kurz erhitzen und mit
Muskat, Salz und Pfeffer abschmecken. Nudeln abgießen und
abtropfen lassen und mit dem Spinat vermischen. Bei Bedarf mit Salz
und Pfeffer nachwürzen. Nudeln portionieren und mit Parmesan und
Pinienkernen anrichten. Den Schwarzkümmel drüberstreuen.

3.6 Bircher Müsli

Ballaststoffreich, verdauungsregulierend, lindert Verstopfung, stärkt
Magen und Abwehrkraft, fördert Gewichtsabnahme, gut bei
Abwehrschwäche und Appetitlosigkeit.
Anzahl Portionen: 1
Kalorien p. Portion 384
Gramm p. Portion   311
Kochdauer ca.   2 Stunden
Allergene: AGH
(Kohlehydrat:69,38% / Eiweiß & Fett:30,62%)
100g.≈ Eiweiß 9,57g. Fett:13,23g.
µg. - Ph:87,92 Na:21,96 Ka:193,37 Mg:28,41 Ca:51,47 Fe:0,78 Zn:0,5 Col.:3,6 Hsr.:26,51

Zutaten:
Müsli 2 EL / 20g. (ja)
Hafer Flocken (Vollkorn) 2 EL / 20g. (ja)
Joghurt (natur, 3,5 % Fett) 6 EL / 80g. (empfehlenswert)
Zitrone 1 EL / 10g. (ja)
Acerola Fruchtnektar oder Pulver 1/2 TL / 1g. (ja)
Apfel (sauer) 1 Stück / 170g. (ja)
Haselnüsse 1 EL / 10g. (empfehlenswert)

Kochanleitung:
Haferflocken in Joghurt einrühren und für einige Stunden (oder über Nacht) in den Kühlschrank stellen. Zum Süßen können Rosinen mit dazu gegeben werden. Dann die geriebenen Nüsse, den Zitronensaft, Acerola und geriebenen Apfel untermengen.

3.7 Blattsalat mit Frischkäse

Die Bitterstoffe besitzen eine galle- und harntreibende Wirkung und fördern die Durchblutung im Verdauungstrakt mit deutlicher Verbesserung der gesamten Verdauungsfunktion. Senf verbessert Schilddrüsenfunktion und lindert rheumatische Beschwerden.

Anzahl Portionen: 1
Kalorien p. Portion 802
Gramm p. Portion 260,5
Kochdauer ca. 5 min.
Allergene: AFM
(Kohlehydrat:20,86% / Eiweiß & Fett:79,14%)
100g.≈ Eiweiß 22,11g. Fett:52,98g.
µg. - Ph:138,56 Na:312,5 Ka:257,23 Mg:28,83 Ca:84,45 Fe:0,54 Zn:0,48 Col.:0,06
Hsr.:14,62

Zutaten:
Blattsalate (bitter) 2 Portionen / 60g. (ja)
Frischkäse aus Soja 150 g. / 150g. (ja)
Senf 1 Messerspitze / 1g. (ja)
Zitrone Saft 1 Schuss / 3g. (ja)
Salz 1 Prise / 1g. (ja)
Pfeffer gemahlen 1 Prise / 0,5g. ()
Kräuter verschiedene 2 TL / 4g. (ja)
Schwarzkümmel 1 Prise / 1g. (ja)
Vollkornbrot 2 Scheiben / 40g. (ja)

Kochanleitung:
Blattsalat waschen und klein zupfen. 150 g Frischkäse, etwas Senf, einen Spritzer Zitronensaft, 1 Zehe Knoblauch, gehackte frische Kräuter, eine Prise Pfeffer und zerstoßenen Schwarzkümmel verrühren und über den Salat geben. Dazu Vollkornbrot reichen.

3.8 Bratapfel

Gut bei akuter oder chronischer Verstopfung, erwärmt Magen und Milz, fördert Durchblutung. Gut bei Magenschmerzen, Verdauungsstörungen, Nierenschwäche, Rücken- und Bauchschmerzen, Impotenz, Nierenschwäche.

Anzahl Portionen: 4
Kalorien p. Portion 408
Gramm p. Portion 353,5
Kochdauer ca. 30 Min.
Allergene: GH
(Kohlehydrat:51% / Eiweiß & Fett:49%)
100g.≈ Eiweiß 11,89g. Fett:22,21g.
µg. - Ph:5,08 Na:1,79 Ka:11,92 Mg:1,37 Ca:5,71 Fe:0,03 Zn:0,03 Col.:4,65 Hsr.:0,51

Zutaten:
Apfel (sauer) 4 Stück / 500g. (ja)
Haselnüsse 50 g. / 50g. (empfehlenswert)
Mandeln 50 g. / 50g. (empfehlenswert)
Zimtpulver 1 Prise / 0,2g. (ja)
Vanillezucker natur 1 Paket / 3g. (ja)
Kuhmilch (Vollmilch 3,5 % Fett) 2 EL / 24g. (empfehlenswert)
Zucker (Staubzucker) 3 EL / 36g. (empfehlenswert)
Zimtpulver 1 Prise / 1g. (ja)

Kochanleitung:
Die Äpfel waschen, einen Deckel abkappen, Kerngehäuse mit einem Teelöffel ausstechen, so dass unten der Apfel dicht bleibt. Nüsse, Mandelstifte, Fruchtzucker, Milch, Vanillezucker und Zimt gut vermengen und die Masse in die Äpfel füllen. Die Deckel wieder aufsetzen. Im vorgeheizten Backofen bei 180 Grad ca. 20 Min. backen. Staubzucker und Zimt mischen,
Vanille-Joghurt auf Teller verteilen, jeweils 1 Bratapfel darauf setzen, mit Zimt-Staubzuckermischung bestreuen und sofort heiß servieren!

3.9 Cranberrisaft

Antibakteriell, harntreibend. Gut bei Appetitlosigkeit, Arteriosklerose, Blasenentzündung, Durchfall, Fieber, Gicht, Magengeschwür, Mundschleimhautentzündung, Rheuma. Gegen freie Radikale, gegen Erkältung. Beugt Vitamin-C-Mangel vor.

Anzahl Portionen: 1
Kalorien p. Portion 43
Gramm p. Portion 160
Kochdauer ca. 5 Min.
(Kohlehydrat:98,46% / Eiweiß & Fett:1,54%)

100g.≈ Eiweiß 0,14g. Fett:0,02g.
µg. - Ph:2,06 Na:1,53 Ka:11,69 Mg:1,16 Ca:4,22 Fe:0,09 Zn:0,1 Col.:0 Hsr.:3,12

Zutaten:
Cranberries 2 EL / 25g. (ja)
Wasser 1 Tasse / 125g. (ja)
Honig 1 EL / 10g. (ja)

Kochanleitung:
Cranberries und etwas Wasser mit dem Pürierstab zu einem Brei mixen. Mit dem restlichen Wasser aufgießen und mit Honig süßen.

3.10 Ente mit Mungbohnen

Stärkt Blut, Magen, Milz, Leber und Immunsystem, senkt Blutdruck, ist harntreibend und bakterizid, beugt Krebs vor, reduziert Strahlenverletzungen, löst Stagnation.
Anzahl Portionen: 5
Kalorien p. Portion 747
Gramm p. Portion   354,3
Kochdauer ca.   2 Stunden
Allergene: E
(Kohlehydrat:19,51% / Eiweiß & Fett:80,49%)
100g.≈ Eiweiß 56,76g. Fett:46,02g.
µg. - Ph:40,1 Na:8,17 Ka:39,36 Mg:10,47 Ca:7,18 Fe:0,4 Zn:0,05 Col.:2,15 Hsr.:34,55

Zutaten:
Ente (Frühmastente, schlachtfrisch) 1/2 Stück / 1250g.
(empfehlenswert)
Zwiebel weiss 2 Stück / 120g. (ja)
Karotte (Mohrrübe, Möhre) 1 Stück / 120g. (ja)
Knoblauch 1 Zehe / 3g. (ja)
Mungbohne 250 g. / 250g. (ja)
Pfeffer Körner 3 Stück / 2g. (ja)
Honig 1 TL / 3g. (ja)
Sojasauce 1 TL / 3g. (ja)
Zitrone Saft 1 TL / 3g. (ja)
Salz 1 Prise / 1g. (ja)
Pfeffer gemahlen 1 Prise / 0,5g. ()
Olivenöl 1 EL / 10g. (empfehlenswert)
Lorbeerblatt 2 Blätter / 2g. (ja)
Schwarzkümmel 1 Prise / 1g. (ja)
Bohnenkraut 1 TL / 2g. (ja)

Kochanleitung:

Mungbohnen am Vortag einweichen. Die Ente kalt abspülen, das Gemüse waschen, putzen und in grobe Stücke schneiden. Das Fleisch und das Gemüse in einen Topf geben und knapp mit Wasser bedecken. Lorbeerblätter, Bohnenkraut, Beifuß und Pfefferkörner zugeben, bei mittlerer Hitze aufkochen und weitere 45 Min. kochen lassen. Ab und zu abschäumen. Die Ente aus dem Fond nehmen, erkalten lassen und über Nacht kühl aufbewahren. Die gehackten Zwiebel in einem Topf in Olivenöl anschwitzen und mit 250 ml Fond aufgießen. Das vorgekochte Gemüse und die Mungbohnen zugeben und mit Honig, Sojasoße, Zitronensaft, Salz, zerstoßenem Schwarzkümmel und Pfeffer abschmecken. Mit Reis oder Kartoffeln servieren.

3.11 Exotisches Linsengericht

Stärkt Herz und Nieren, harntreibend, beruhigt den Magen, fördert Verdauung, löst Stagnation, hilft Fett zu verdauen, senkt Blutdruck, entgiftet, stimuliert das Immunsystem.

Anzahl Portionen: 4
Kalorien p. Portion 144
Gramm p. Portion 273,38
Kochdauer ca. 45 Min.
Allergene: NO
(Kohlehydrat:71,01% / Eiweiß & Fett:28,99%)
100g.≈ Eiweiß 5,83g. Fett:3,46g.
µg. - Ph:13,56 Na:11,59 Ka:48,35 Mg:8,52 Ca:8,91 Fe:0,27 Zn:0,02 Col.:0 Hsr.:13,4

Zutaten:

Sesamöl 1 EL / 10g. (empfehlenswert)
Zwiebel weiss 2 Stück / 120g. (ja)
Ingwer frisch 1/2 TL / 2g. (ja)
Thymian getrocknet 1/2 TL / 1g. (ja)
Cumin (Kreuzkümmel) 1/2 TL / 2g. (ja)
Linsen rot 1 Tasse / 120g. (ja)
Wakame 3 cm / 1g. (ja)
Zitrone 1/2 Stück / 20g. (ja)
Bocksdornfrüchte (Fructus Lycii) getrocknet 2 Prisen / 2g. (ja)
Zucker Ursüße (Zuckerrohr) süß 1 Prise / 1g. (empfehlenswert)
Chili (Schote oder gemahlen) 1 Prise / 0,5g. (ja)
Salz 1 Prise / 1g. (ja)
Essig (Apfelessig) 1/2 TL / 1g. (ja)
Tomate 1 Stück / 50g. (ja)
Mangold 200 g / 200g. (ja)
Blumenkohl (Karfiol) 200 g / 200g. (ja)
Salz 1 Prise / 1g. (ja)

Reis Vollkorn 1/2 Tasse / 60g. (ja)
Wasser 3 Tassen / 300g. (ja)
Salz 1 Prise / 1g. (ja)

Kochanleitung:
Sesamöl in einem Topf erhitzen. Kleingeschnittene Zwiebeln,
geriebenen Ingwer, getrockneten Thymian und reichlich Cumin
zugeben und leicht anbraten. Geschälte rote Linsen, einen Streifen
Wakame, etwas Zitronensaft, heißes Wasser und etwas getrocknete
Bocksdornfrüchte dazugeben. 20 Min. köcheln lassen, bis die Linsen
gar sind. Heißes Wasser nach Belieben nachgießen, so dass ein Brei
entsteht. Vollrohrzucker, etwas Chili und Salz zufügen und mit Essig
oder Zitronensaft abschmecken. Kleingeschnittene Tomate dazugeben
und einige Minuten durchziehen lassen. Den Blumenkohl in einem
kleinen Topf mit 1 Tasse Wasser und etwas Salz 10 Min. weich kochen.
Den Mangold in einem kleinen Topf mit 1 Tasse Wasser und Salz 3
Min. blanchieren. Reis kurz aufkochen, salzen und 10 Min. ziehen
lassen. Alles zusammen mit dem Linsengericht anrichten.

3.12 Fenchel mit gerösteten Walnüssen

Stärkt Magen, entgiftet, lindert Entzündungen, verbessert Durchblutung,
verbessert Medikamentenwirkung, regt Appetit an, antioxidativ, fördert
Verdauung, regt an, löst Stagnation.

Anzahl Portionen: 4
Kalorien p. Portion 342
Gramm p. Portion 336,25
Kochdauer ca. 20 Min.
Allergene: HO
(Kohlehydrat:54,13% / Eiweiß & Fett:45,87%)
100g.≈ Eiweiß 8,8g. Fett:16,38g.
µg. - Ph:12,18 Na:13,51 Ka:80,99 Mg:8,92 Ca:17,54 Fe:0,45 Zn:0,02 Col.:0 Hsr.:3,52

Zutaten:
Fenchel 4 Stück / 800g. (ja)
Muskatnuss 1 Prise / 1g. (ja)
Ingwer frisch 1/2 TL / 1g. (ja)
Salz 1 Prise / 1g. (ja)
Weißwein 1/8 Liter / 125g. (ja)
Paprika (Rosenpaprikapulver) 1 Prise / 1g. (ja)
Olivenöl 2 EL / 40g. (empfehlenswert)
Walnüsse 2 EL / 35g. (empfehlenswert)
Wasser 2 Tassen / 220g. (ja)
Mais Gries (Polenta) 1 Tasse / 120g. (ja)
Salz 1 Prise / 1g. (ja)

Kochanleitung:
Ganz wenig Wasser in einem Topf erhitzen. In Streifen geschnittenen
Fenchel kurz darin andünsten. Muskat, etwas geriebenen Ingwer, Salz,
einen Schuss Weißwein und Rosenpaprika zugeben und solange
dünsten, bis das Gemüse gar, aber noch knackig ist. Etwas Olivenöl
unterrühren und mit gerösteten Walnüssen bestreuen. Die Polenta in
einen Topf mit heißem Wasser unter ständigem Rühren einrieseln
lassen, bis die Polenta die gewünschte Konsistenz hat und dann
salzen. Die Polenta vom Herd nehmen und ca. 10 Min. quellen lassen.

3.13 Gegrillte Tomaten mit Käsefüllung

Fördert Verdauung, hilft Fett zu verdauen, harntreibend, senkt
Blutdruck, regt Verdauung an.
Anzahl Portionen: 2
Kalorien p. Portion 469
Gramm p. Portion   319,5
Kochdauer ca.   30 Min.
Allergene: ACG
(Kohlehydrat:38% / Eiweiß & Fett:62%)
100g.≈ Eiweiß 18,89g. Fett:30,98g.
µg. - Ph:25,05 Na:101,57 Ka:41,33 Mg:3,14 Ca:21,11 Fe:0,17 Zn:0,12 Col.:13,64
Hsr.:4,36

Zutaten:
Tomate 8 Stück / 200g. (ja)
Schafskäse 75 g. / 75g. (ja)
Frischkäse 75 g. / 75g. (ja)
Huhn Ei 1 Stück / 60g. (ja)
Olivenöl 1 EL / 12g. (empfehlenswert)
Basilikum (frisch) 1 EL / 6g. (ja)
Salz 1 Prise / 1g. (ja)
Pfeffer gemahlen 1 Prise / 0,5g. ()
Oliven 30 g. / 30g. (empfehlenswert)
Rucola Rauke 10 dag. / 100g. ()
Weißbrot (Weizenbrot) 4 Scheiben / 80g. (ja)

Kochanleitung:
Tomaten großzügig aushöhlen und in eine Auflaufform setzen. Käse,
Olivenöl, Ei, gehackten Basilikum und Mehl verrühren, mit Salz und
Pfeffer würzen und in die Tomaten füllen .Im vorgeheizten Ofen bei 210
Grad auf der mittleren Schiene 15 Min. backen, dann den Backofengrill
zuschalten und weitere 3 Min. übergrillen (ohne Umluft). Die Oliven
entsteinen, hacken und auf die Tomaten streuen. Tomaten mit Rucola
garnieren und mit Weißbrot servieren.

3.14 Gelbe Linsensuppe

Stärkt Milz, Herz und Nieren, harntreibend, beruhigt den Magen, fördert Verdauung, stärkt Immunsystem, beugt Krebs vor, reduziert Strahlenverletzungen, regt Leberfunktion an, antioxidativ.

Anzahl Portionen: 7
Kalorien p. Portion 155
Gramm p. Portion 324
Kochdauer ca. 20 min.
Allergene: A
(Kohlehydrat:73% / Eiweiß & Fett:27%)
100g.≈ Eiweiß 7,59g. Fett:1,91g.
µg. - Ph:0,84 Na:1,47 Ka:3,19 Mg:0,35 Ca:0,64 Fe:0,02 Zn:0,01 Col.:0 Hsr.:1,11

Zutaten:

Linsen gelb 1/2 Kg. / 500g. (ja)
Karotte (Mohrrübe, Möhre) 2 Stück / 150g. (ja)
Kohlrabi 1 Stück / 300g. (ja)
Zwiebel weiss 1 Stück / 50g. (ja)
Petersilie 1/2 Bund / 100g. (ja)
Kurkuma (Gelbwurz) 1 Prise / 1g. (ja)
Kardamom 1 Prise / 1g. (ja)
Salz 1 Prise / 1g. (ja)
Olivenöl 1 EL / 10g. (empfehlenswert)
Wasser 1 Liter / 1000g. (ja)
Zitrone Saft 1/2 Stück / 15g. (ja)
Weißbrot (Weizenbrot) 7 Scheiben / 140g. (ja)

Kochanleitung:

Linsen gründlich in einem Sieb waschen. In einem Topf Öl erhitzen, fein geschnittene Zwiebel, in Scheiben geschnittene Karotten, in Würfel geschnittenen Kohlrabi und Gewürze kurz darin anbraten und salzen. Linsen dazugeben und mit Wasser bedeckt 20 Min. köcheln lassen. Nach Bedarf mit Wasser ergänzen und mit Salz abschmecken. Mit frischer Petersilie oder frischem grünen Koriander bestreuen und mit Zitronensaft beträufeln. Hier kann man auch rote Linsen verwenden (gleiche Kochzeit). Mit Weißbrot servieren.

3.15 Gemüse-Miso-Suppe mit Tofu

Sehr kräftigend, stärkt nach fiebriger Erkrankung, senkt Blutdruck, stärkt Immunsystem, beugt Krebs vor, reduziert Strahlenverletzungen, fördert Durchblutung, stärkt Magen, Leber und Nieren, entgiftet, stärkt Muskeln, lindert Blähungen.

Anzahl Portionen: 4
Kalorien p. Portion 107
Gramm p. Portion 247,75
Kochdauer ca. 15 Min.
Allergene: EN
(Kohlehydrat:22,33% / Eiweiß & Fett:77,67%)
100g.≈ Eiweiß 1,86g. Fett:9,4g.
µg. - Ph:3,93 Na:13,88 Ka:10,98 Mg:1,98 Ca:4,08 Fe:0,07 Zn:0,01 Col.:0 Hsr.:1,45

Zutaten:
Sesamöl 2 EL / 35g. (empfehlenswert)
Zwiebel Schalotte 1 Stück / 20g. (ja)
Karotte (Mohrrübe, Möhre) 1 Stück / 70g. (ja)
Lauch (Porree) 5 cm / 10g. (ja)
Wasser 3/4 Liter / 750g. (ja)
Endiviensalat 2 EL / 30g. (ja)
Soja Tofu 2 EL / 30g. (ja)
Ingwer frisch 1/2 TL / 1g. (ja)
Miso 2 EL / 15g. (ja)

Kochanleitung:
In Sesamöl erst Zwiebeln, dann Karotten sowie den Lauch anbraten und mit Wasser aufgießen und leise köcheln lassen. Sojasprossen und Endivienblätter zugeben und ziehen lassen. Tofuwürfel und etwas Ingwer zugeben und zum Schluss in etwas abgekühltem Kochwasser gelöstes Miso einrühren.

3.16 Gemüsenudeln mit Tomatensugo

Schont die Verdauungsorgane, entgiftet. Gut bei Appetitlosigkeit, Blähungen, Darmentzündung, Fettsucht, Gicht, Magengeschwür, Magenkrämpfen, Rheuma, Sodbrennen, Zwölffingerdarmgeschwür. Fördert Verdauung, hilft Fett zu verdauen.

Anzahl Portionen: 2
Kalorien p. Portion 562
Gramm p. Portion 281,1
Kochdauer ca. 45 Min.
Allergene: ACG
(Kohlehydrat:69,56% / Eiweiß & Fett:30,44%)
100g.≈ Eiweiß 14,06g. Fett:21,69g.
µg. - Ph:42,24 Na:6,41 Ka:89,19 Mg:16,12 Ca:13,53 Fe:0,61 Zn:0,2 Col.:8,37 Hsr.:36,02

Zutaten:
Tomate 125 g. / 125g. (ja)
Karotte (Mohrrübe, Möhre) 1 Stück / 80g. (ja)
Zucchini 1 Stück / 80g. (ja)
Olivenöl 1 EL / 15g. (empfehlenswert)
Zwiebel Schalotte 1 Stück / 20g. (ja)
Oregano getrocknet 1 Prise / 1g. (ja)
Salz 1 Prise / 1g. (ja)
Pfeffer gemahlen 1 Prise / 0,2g. ()
Nudeln (Weizen) mit Ei 200 g. / 200g. (ja)
Olivenöl 1 EL / 10g. (empfehlenswert)
Creme fraiche 2 EL / 30g. (empfehlenswert)

Kochanleitung:
Tomaten in wenig Wasser kochen, beim Abgießen den Saft auffangen und die Tomaten in Stücke schneiden . Zucchini und Karotte grob raspeln. Olivenöl in einem beschichteten Topf erhitzen und Schalotten darin sehr weich dünsten. Tomaten zugeben, mit Oregano, Salz und Pfeffer würzen und zu einer dicken Soße einköcheln lassen. Reichlich Salzwasser zum Kochen bringen und die Nudeln darin bissfest kochen. In der Zwischenzeit das Olivenöl in einer beschichteten Pfanne erhitzen, die Karottenraspel darin unter Rühren anbraten und leicht salzen. Zucchiniraspel zugeben und ebenfalls unter Rühren kurz anbraten. Das Gemüse soll noch Biss haben. Nudeln abgießen, abtropfen lassen, mit Crème fraîche vermischen und abschmecken mit Salz und Pfeffer. Mit der Tomatensoße garnieren.

3.17 Geröstete Hirse mit Pflaumenkompott

Harntreibend, stärkt Milz und Nieren, stärkt die Abwehr, gut bei Pilzinfektionen.
Anzahl Portionen: 4
Kalorien p. Portion 139
Gramm p. Portion 218,25
Kochdauer ca. 30 Min.
(Kohlehydrat:85% / Eiweiß & Fett:15%)
100g.≈ Eiweiß 3,57g. Fett:1,24g.
µg. - Ph:2,99 Na:0,1 Ka:4,37 Mg:1,68 Ca:0,78 Fe:0,09 Zn:0,03 Col.:0 Hsr.:0,93

Zutaten:
Hirse 1 Tasse / 120g. (ja)
Wasser 2 Tassen / 250g. (ja)
Pflaume 2 Tassen / 250g. (ja)
Vanilleschote 1 Prise / 1g. (ja)
Wasser 250 g. / 250g. (ja)
Zimtpulver 1 Prise / 1g. (ja)
Acerola Fruchtnektar oder Pulver 1/2 TL / 1g. (ja)

Kochanleitung:
Hirse kurz anrösten, mit Wasser übergießen, kurz aufkochen und 20 Min. quellen lassen. Pflaumen mit Wasser, Vanille und Zimt 10 Min. kochen und abseihen. Acerola dazugeben und zu der Hirse reichen.

3.18 Gerstenbrei mit Pflaumen

Stärkt Milz und Magen, kühlt Blase, harntreibend, befeuchtet Darm, entspannt, reduziert innere Hitze, produziert Körpersäfte, befeuchtet Lunge, reduziert innere Trockenheit.
Anzahl Portionen: 5
Kalorien p. Portion 106
Gramm p. Portion   289,6
Kochdauer ca.   25 Min.
Allergene: AG
(Kohlehydrat:81% / Eiweiß & Fett:19%)
100g.≈ Eiweiß 3,15g. Fett:1,57g.
µg. - Ph:1,2 Na:0,1 Ka:2,2 Mg:0,44 Ca:0,34 Fe:0,01 Zn:0,01 Col.:0,04 Hsr.:0,42

Zutaten:
Wasser 10 Tassen / 1200g. (ja)
Gerste 1 Tasse / 120g. (ja)
Pflaume 1 Tasse / 120g. (ja)
Butter Bio 2 TL / 6g. (empfehlenswert)
Zucker Ursüße (Zuckerrohr) süß 1/2 TL / 2g. (empfehlenswert)

Kochanleitung:
Die Gerste zu grobem Schrot mahlen und trocken anrösten. Heißes Wasser aufgießen und bei wenig Hitze zu einem Brei quellen lassen. Am Ende Pflaumen, etwas Butter und Süßmittel zugeben. Variante: Wenn es morgens schnell gehen soll, kann man an Stelle von Schrot Gerstenflocken verwenden.

3.19 Geschnetzeltes Huhn mit Walnüssen und Sherry

Stärkt Blut, baut Milz und Magen auf, stärkt Knochenmark und Magen-Darm-Funktion, erweitert Blutgefäße, bakterizid, beugt Krebs vor, befeuchtet den Darm, treibt Schweiß, reduziert Blutfett, regt an.

Anzahl Portionen: 4
Kalorien p. Portion 304
Gramm p. Portion 272
Kochdauer ca.   25 Min.
Allergene: EGHN
(Kohlehydrat:36,28% / Eiweiß & Fett:63,72%)
100g.≈ Eiweiß 20,57g. Fett:25,01g.
µg. - Ph:27,57 Na:7,42 Ka:29,72 Mg:7,25 Ca:3,77 Fe:0,28 Zn:0,02 Col.:1,78 Hsr.:19,84

Zutaten:

Butter Bio 2 EL / 35g. (empfehlenswert)
Walnüsse 2 EL / 25g. (empfehlenswert)
Ingwer frisch 1/2 TL / 2g. (ja)
Zwiebel Schalotte 2 Stück / 40g. (ja)
Salz 1 Prise / 1g. (ja)
Huhn Fleisch 300 g. / 300g. (ja)
Paprika (Rosenpaprikapulver) 1 Prise / 1g. (ja)
Sesam, Weißer 1 TL / 2g. (empfehlenswert)
Schwarzer Fungu Pilz 4 Stück / 3g. (ja)
Shiitake, getrocknet 4 Stück / 5g. (ja)
Sojasauce 1 Schuss / 3g. (ja)
Reis Vollkorn 1 Tasse / 120g. (ja)
Wasser 6 Tassen / 550g. (ja)
Salz 1 Prise / 1g. (ja)

Kochanleitung:

In einer Pfanne Butter oder Sesamöl erhitzen. Darin Walnüsse, reichlich geriebenen Ingwer, kleingeschnittene Schalotten oder Zwiebeln leicht anbraten. Salz und das geschnetzelte Huhn zufügen und rundherum anbraten. Rosenpaprika, gerösteten Sesam, eingeweichten schwarzen Fungu, Shiitakepilze oder Champignons dazugeben und mit einem Schuss Sherry ablöschen. 5-10 Min. köcheln lassen, bis das Fleisch gar ist und mit Sojasoße abschmecken. Reis in gesalzenem Wasser aufkochen lassen und bei kleiner Hitze ca. 15 Min. quellen lassen. Dazu passt: Feldsalat, Radicchio.

3.20 Gewürzkuchen mit Datteln

Beruhigt Nerven und Magen, fördert Durchblutung. Gut bei Appetitlosigkeit, Blähungen, Darmentzündung, Fettsucht, Gicht, Magengeschwür, Magenkrampf, Rheuma, Sodbrennen.

Anzahl Portionen: 4
Kalorien p. Portion 808
Gramm p. Portion 232,5
Kochdauer ca. 1 1/2 Stunden
Allergene: ACGO
(Kohlehydrat:71% / Eiweiß & Fett:29%)
100g.≈ Eiweiß 14,11g. Fett:32,91g.
µg. - Ph:38,49 Na:13,51 Ka:54,99 Mg:9,73 Ca:10,38 Fe:0,48 Zn:0,07 Col.:4,87 Hsr.:12,86

Zutaten:
Sonnenblumenöl 100 ml. / 100g. (empfehlenswert)
Zucker (weiß, aus Rüben) 200 g / 200g. (empfehlenswert)
Kuhmilch (Vollmilch 3,5 % Fett) 100 ml. / 100g. (empfehlenswert)
Weizen Mehl 250 g. / 250g. (ja)
Kakao 40 g. / 40g. (ja)
Datteln getrocknet 50 g. / 50g. (ja)
Huhn Ei 3 Stück / 180g. (ja)
Nelke 1/2 TL / 1g. (ja)
Zimtpulver 1 1/2 tl / 3g. (ja)
Muskatnuss 1 Prise / 0,5g. (ja)
Backpulver 1/2 Packung / 1,5g. (ja)
Butter Bio 1 TL / 2g. (empfehlenswert)
Weizen Mehl 1 TL / 2g. (ja)

Kochanleitung:
Die Eier trennen, Eiweiß steif schlagen und beiseite stellen. Öl, Zucker und Eigelb in eine Schüssel geben und schaumig rühren. Mehl, Kakao und Backpulver zufügen, durchrühren und die Milch nach und nach unterrühren. Nun die kleingehackten Datteln und die Gewürze (die Nelken gemahlen) zur Masse geben und auf kleinster Stufe mit dem Handrührgerät einrühren. Jetzt das steif geschlagene Eiweiß löffelweise vorsichtig mit einem Löffel unterheben und den Teig in eine gefettete, bemehlte Form füllen und 70 Min. bei 200 Grad backen.

3.21 Gewürz-Verdauungsschnaps

Fördert Verdauung, nährt Knochen und Sehnen, wärmt Nieren und Milz, stärkt Magen, löst Blähungen, kontrolliert übermäßigen Harndrang, hilft bei Verdauungsschwäche

Anzahl Portionen: 10
Kalorien p. Portion 19
Gramm p. Portion 40
Kochdauer ca. 20 Min.
(Kohlehydrat:89% / Eiweiß & Fett:11%)
100g.≈ Eiweiß 0,38g. Fett:0,21g.
µg. - Ph:1,91 Na:0,44 Ka:10,7 Mg:2,32 Ca:1,65 Fe:0,09 Zn:0 Col.:0 Hsr.:0

Zutaten:
Chenpi (chinesische Mandarinenschale) 50 g. / 50g. (ja)
Kardamom 30 g. / 30g. (ja)
Zucker Kandis weiß 2 EL / 20g. (empfehlenswert)
Schnaps 300 ml. / 300g. (ja)

Kochanleitung:
Alle Zutaten in einer weithalsigen Flasche mit dem Schnaps übergießen und mindestens 7 Tage (besser länger) an einem dunklen Ort stehen lassen. Ein Gläschen nach einem schweren Essen reguliert die Magenenergie.- Wirkung: wohltuend bei Verdauungsproblemen nach üppigen Mahlzeiten, besonders abends.- Tipp: Der Schnaps ist wohlschmeckend und passt gut in die Weihnachtszeit nach festlicher Schlemmerei.

3.22 Grundrezept für eine nahrhafte Gemüsebrühe

Senkt Blutdruck und Blutfett, bakterizid, stärkt Immunsystem, beugt Krebs vor, stärkt Magen, löst Stagnation, fördert Gewichtsabnahme, hilft bei Appetitlosigkeit, Blähungen, Bluthochdruck, Depressionen, Diabetes, Durchfall.

Anzahl Portionen: 5
Kalorien p. Portion 48
Gramm p. Portion 240,6
Kochdauer ca. 2-3 Stunden
Allergene: L
(Kohlehydrat:71,3% / Eiweiß & Fett:28,7%)
100g.≈ Eiweiß 1,57g. Fett:1,31g.
µg. - Ph:4,86 Na:3,67 Ka:25,68 Mg:1,8 Ca:6,32 Fe:0,1 Zn:0,01 Col.:0 Hsr.:2,78

Zutaten:
Olivenöl 1 EL / 4g. (empfehlenswert)
Zwiebel weiss 1 Stück / 60g. (ja)
Karotte (Mohrrübe, Möhre) 3 Stück / 200g. (ja)
Pastinake 150 g. / 150g. (ja)
Sellerie Knolle 1 Tasse / 100g. (ja)
Ingwer frisch 1/2 TL / 2g. (ja)
Zitrone 1/2 Stück / 25g. (ja)
Wacholderbeere 6 Stück / 6g. (ja)
Thymian getrocknet 1 Prise / 1g. (ja)
Liebstöckel 1 EL / 3g. (ja)
Lorbeerblatt 2 Blätter / 1g. (ja)
Salz 1 Prise / 1g. (ja)
Wasser 3/4 Liter / 650g. (ja)

Kochanleitung:
Gemüse würfelig schneiden. Öl in einem Topf erhitzen, die Zwiebel und das Gemüse darin anbraten, Ingwer und Lorbeer zugeben. Mit kaltem Wasser aufgießen, Zitronensaft zufügen und mit Wacholder, Thymian und Liebstöckel würzen. 2-3 Std. auf kleiner Stufe zugedeckt köcheln lassen. Brühe durch ein Sieb streichen und im Kühlschrank aufbewahren. Sie dient als Suppengrundlage und verfeinert Gemüse, Hülsenfrüchte oder Getreide.

3.23 Grundrezept für eine Reissuppe (Congee)

Niedriger Fettgehalt, zur Entwässerung des Körpers bei Übergewicht und Bluthochdruck.
Anzahl Portionen: 3
Kalorien p. Portion 140
Gramm p. Portion 273,33
Kochdauer ca. 2-4 Stunden
(Kohlehydrat:89,71% / Eiweiß & Fett:10,29%)
100g.≈ Eiweiß 2,96g. Fett:0,48g.
µg. - Ph:5,85 Na:0,58 Ka:5,02 Mg:3,41 Ca:1,72 Fe:0,03 Zn:0,02 Col.:0 Hsr.:6,34

Zutaten:
Reis Sorte beliebig 1 Tasse / 120g. (ja)
Wasser 6 Tassen / 700g. (ja)

Kochanleitung:
Man kocht Reis und Wasser in einem Verhältnis von etwa 1:6. Die Menge des Wassers bestimmt die Dicke des Breis (reine Geschmackssache). Der Reis quillt unwahrscheinlich auf, nehmen Sie also nicht viel. Geben Sie den Reis in einen Topf mit einem schweren

Deckel. Wichtig ist, den Reis nach kurzem Aufkochen nur auf kleinster Stufe köcheln zu lassen, da er sonst anbrennt. Kochen Sie den Reis 2-4 Stunden. Je länger er kocht, desto stärkender wirkt er. Wenn Sie das Gericht zum Frühstück essen möchten, können Sie den Reis auch kurz vor dem Zubettgehen aufsetzen. Sicherheitshalber sollten Sie vorher einmal unter Beobachtung für eine ähnlich lange Zeit das Verhalten Ihres Topfes und Herdes prüfen, damit nichts anbrennt.

3.24 Haferflocken mit aromatischen Gewürzen

Stoppt Durchfall, fördert Verdauung, Appetit anregend, harmonisiert Magen, lindert Durchfall, stärkt Abwehrkraft, wirkt entgiftend und stimuliert das Immunsystem. Alginsäure kann zur Entgiftung des Darmes beitragen.

Anzahl Portionen: 3
Kalorien p. Portion 281
Gramm p. Portion   208
Kochdauer ca.   25 min.
Allergene: AH
(Kohlehydrat:69,06% / Eiweiß & Fett:30,94%)
100g.≈ Eiweiß 6,74g. Fett:10,73g.
µg. - Ph:33,91 Na:2,34 Ka:51,76 Mg:12,79 Ca:8,03 Fe:0,44 Zn:0,11 Col.:0 Hsr.:12,35

Zutaten:
Hafer Flocken (Vollkorn) 1 Tasse / 125g. (ja)
Walnüsse 1 EL / 15g. (empfehlenswert)
Haselnüsse 1 EL / 15g. (empfehlenswert)
Wasser 2 Tassen / 240g. (ja)
Wakame 2 cm. / 2g. (ja)
Apfel (süß) 1 Stück / 220g. (ja)
Kardamom 3-4 Kapseln / 2g. (ja)
Zitronenmelisse (frisch) 3-4 Blätter / 3g. (ja)
Acerola Fruchtnektar oder Pulver 1 TL / 2g. (ja)

Kochanleitung:
Haferflocken und Nüsse rösten und mit heißem Wasser aufgießen. Kardamom und Wakame 20 Min. darin kochen. Geriebenen Apfel, Acerola und Zitronenmelisse zugeben.

3.25 Heilbutt mit Tomaten-Knoblauch-Soße

Fördert Verdauung, hilft Fett zu verdauen, harntreibend, senkt Blutdruck, liefert wertvolle Omega-3 Fettsäuren. Gut bei Rheuma, Blähungen, Blasenschwäche, Blutarmut, Bluthochdruck, Depressionen, Diabetes, Durchfall.

Anzahl Portionen: 5
Kalorien p. Portion 319
Gramm p. Portion 297,6
Kochdauer ca. 45 Min.
Allergene: D
(Kohlehydrat:35,73% / Eiweiß & Fett:64,27%)
100g.≈ Eiweiß 34,97g. Fett:9,44g.
µg. - Ph:24,12 Na:43,88 Ka:35,39 Mg:5,15 Ca:4,4 Fe:0,11 Zn:0,01 Col.:0,82 Hsr.:23,91

Zutaten:
Reis Sorte beliebig 1 Tasse / 120g. (ja)
Wasser 6 Tassen / 240g. (ja)
Salz 1 Prise / 1g. (ja)
Heilbutt 1 Kg / 800g. (ja)
Salz 1 Prise / 1g. (ja)
Pfeffer gemahlen 1 Prise / 0,5g. ()
Zitrone Saft 1 Spritzer / 2g. (ja)
Lorbeerblatt 2 Stück / 2g. (ja)
Zitrone 1 Stück / 30g. (ja)
Knoblauch 8 Stück / 10g. (ja)
Thymian getrocknet 1 EL / 5g. (ja)
Oliven 75 g. / 75g. (empfehlenswert)
Tomate 4 Stück / 200g. (ja)
Salz 1 Prise / 1g. (ja)
Pfeffer gemahlen 1 Prise / 0,5g. ()

Kochanleitung:
Reis im Salzwasser gar kochen. Den Fisch unter fließend kaltem Wasser abspülen, mit Küchenkrepp abtupfen und mit Salz, Pfeffer und Zitronensaft einreiben. Die Fischfilets in eine Auflaufform legen und mit Stücken der Lorbeerblätter belegen Die Zitrone heiß abwaschen und in Spalten schneiden, den Knoblauch schälen und halbieren. Die Oliven darauf verteilen und mit Thymian bestreuen. Die Tomaten mit heißem Wasser überbrühen, häuten und grob würfeln. Alle Zutaten mischen, mit Salz und Pfeffer würzen und um den Fisch herum verteilen. Alles bei 200 Grad (Umluft 180, Gas Stufe 3) ca. 20 Min. garen. Mit dem Reis anrichten. Zu diesem wohlschmeckenden Fischgericht passt ein gemischter Salat.

3.26 Herzhafter Polentabrei

Stärkt Milz und Magen, harntreibend, fördert Verdauung, entgiftet, treibt Schweiß, reduziert Blutfett, regt an, löst Stagnation, fördert Appetit.

Anzahl Portionen:　2
Kalorien p. Portion　262
Gramm p. Portion　207,5
Kochdauer ca.　　10 Min.
(Kohlehydrat:80% / Eiweiß & Fett:20%)
100g.≈ Eiweiß 5,65g. Fett:5,94g.
µg. - Ph:6,71 Na:0,73 Ka:11,2 Mg:2,2 Ca:2,17 Fe:0,09 Zn:0,05 Col.:0 Hsr.:2,46

Zutaten:
Mais Gries (Polenta) 1 Tasse / 120g. (ja)
Zwiebel Frühlingszwiebel 2 Stück / 40g. (ja)
Ingwer frisch 1/2 TL / 2g. (ja)
Muskatnuss 1 Prise / 1g. (ja)
Salz 1 Prise / 1g. (ja)
Olivenöl 1 EL / 10g. (empfehlenswert)
Kurkuma (Gelbwurz) 1 Prise / 1g. (ja)
Wasser 2 Tassen / 240g. (ja)

Kochanleitung:
Polenta in kochendes Wasser einrühren und quellen lassen. Frühlingszwiebel, geriebenen Ingwer, Kurkuma, Muskat, Salz und Olivenöl zugeben und weiter ziehen lassen.

3.27 Hirse mit Birnen

Erfrischend und nährend, fördert Verdauung, harntreibend, stillt Husten, treibt Schweiß, senkt Blutfett, regt an, löst Stagnation, baut Leber auf, stärkt Muskeln, befeuchtet Darm, senkt Cholesterinspiegel, antiparasitär.

Anzahl Portionen:　5
Kalorien p. Portion　213
Gramm p. Portion　238,4
Kochdauer ca.　　35 Min.
Allergene:　　　G
(Kohlehydrat:85,54% / Eiweiß & Fett:14,46%)
100g.≈ Eiweiß 3,91g. Fett:3,24g.
µg. - Ph:9,48 Na:0,56 Ka:21,43 Mg:4,96 Ca:2,64 Fe:0,24 Zn:0,02 Col.:0 Hsr.:3,84

Zutaten:
Hirse 1 Tasse / 120g. (ja)
Wasser 2 Tassen / 200g. (ja)
Traubensaft rot 2 Tassen / 240g. (ja)
Birne 4 Stück / 600g. (ja)
Ingwer frisch 1/2 TL / 2g. (ja)
Salz 1 Prise / 1g. (ja)
Acerola Fruchtnektar oder Pulver 1 TL / 2g. (ja)
Kakao 1 Prise / 1g. (ja)
Sonnenblumenkerne 2 EL / 4g. (empfehlenswert)
Gerstenmalz 1/2 TL / 2g. (ja)
Sahne, süß 30% 2 TL / 20g. (empfehlenswert)

Kochanleitung:
Hirse in heißem Wasser aufsetzen und gar kochen. Danach:
Traubensaft im Topf erwärmen und kleingeschnittene Birnen, sehr
wenig geriebenen Ingwer, eine kleine Prise Salz, Acerola und eine
Prise Kakao dazugeben und kurz andünsten. Die gekochte Hirse,
Sonnenblumenkerne, etwas Gerstenmalz nach Belieben, 1 TL Sahne
pro Portion oder etwas Butter untermengen und erhitzen.

3.28 Hüttenkäse mit gedünstetem Obst

Gut bei Appetitlosigkeit, Schluckstörungen, schwacher Verdauung,
harntreibend.
Anzahl Portionen: 2
Kalorien p. Portion 215
Gramm p. Portion   250
Kochdauer ca.   20 Min.
Allergene: G
(Kohlehydrat:40,48% / Eiweiß & Fett:59,52%)
100g.≈ Eiweiß 18,45g. Fett:6,4g.
µg. - Ph:44,6 Na:114,5 Ka:50,9 Mg:3,7 Ca:25,6 Fe:0,11 Zn:0,09 Col.:0,64 Hsr.:3

Zutaten:
Hüttenkäse 300 g. / 300g. (ja)
Apfel (sauer) 1 Stück / 100g. (ja)
Birne 1 Stück / 100g. (ja)

Kochanleitung:
Äpfel und Birnen gut waschen, mit Schale klein schneiden und in einem
Topf mit Dämpfsieb bissfest garen. Herausnehmen und auskühlen
lassen. Hüttenkäse anrichten und Obst darauf verteilen.

3.29 Joghurt mit Honig und Nüssen

Lindert Schmerzen, entgiftet, bakterizid, fördert Wundheilung. Gut bei akuter oder chronischer Verstopfung des Darmes. Löst Steine.

Anzahl Portionen: 1
Kalorien p. Portion 258
Gramm p. Portion 167
Kochdauer ca. 5 Min.
Allergene: GH
(Kohlehydrat:61% / Eiweiß & Fett:39%)
100g.≈ Eiweiß 6,79g. Fett:12,43g.
µg. - Ph:107,54 Na:38,83 Ka:167,29 Mg:19,4 Ca:104,46 Fe:0,49 Zn:0,54 Col.:10,48
Hsr.:2,16

Zutaten:
Joghurt (natur, 3,5 % Fett) 125 g. / 125g. (empfehlenswert)
Honig 2 EL / 30g. (ja)
Walnüsse 1 EL / 12g. (empfehlenswert)

Kochanleitung:
Joghurt mit Honig und feingehackten Nüssen mischen.

3.30 Karotten-Hirse-Auflauf mit Apfelkompott

Stärkt Milz und Leber, senkt Blutdruck, bakterizid, stärkt Immunsystem, beruhigt Nerven und Magen. Gut bei chronischer Verstopfung.

Anzahl Portionen: 7
Kalorien p. Portion 349
Gramm p. Portion 347,86
Kochdauer ca. 1 Stunde
Allergene: CGH
(Kohlehydrat:64% / Eiweiß & Fett:36%)
100g.≈ Eiweiß 12,54g. Fett:12,54g.
µg. - Ph:1,79 Na:0,66 Ka:2,7 Mg:0,54 Ca:1,07 Fe:0,03 Zn:0,01 Col.:0,83 Hsr.:0,28

Zutaten:
Hirse 200 g / 200g. (ja)
Kuhmilch (Vollmilch 3,5 % Fett) 500 ml / 450g. (empfehlenswert)
Zitrone Schale 1/2 Stück / 2g. (ja)
Zucker braun 2 EL / 20g. (empfehlenswert)
Karotte (Mohrrübe, Möhre) 400 g. / 400g. (ja)
Ingwer frisch 2 TL / 6g. (ja)
Acerola Fruchtnektar oder Pulver 1 TL / 2g. (ja)
Mandelmus 50 g. / 50g. (ja)
Huhn Ei 4 Stück / 240g. (ja)
Joghurt (natur, 1,5 % Fett) 150 g. / 150g. (ja)
Butter Bio 1 TL / 4g. (empfehlenswert)

Apfel (sauer) 4 Stück / 600g. (ja)
Wasser 300 ml. / 300g. (ja)
Nelke 2 Stück / 1g. (ja)
Zucker braun 1 EL / 10g. (empfehlenswert)

Kochanleitung:
Backofen auf 100 Grad (Umluft 8o Grad, Gas Stufe 2) vorheizen. Die Hirse mit Milch, Zitronenschale und Zucker zum Kochen bringen. Zugedeckt 5 Min. leicht köcheln lassen und dann zugedeckt im vorgeheizten Ofen 20 Min. ausquellen lassen. Ofen auf mittlere Hitze schalten. Äpfel schälen und in kleine Stücke schneiden und mit Wasser, Nelken und Zucker etwa 5 Min. kochen. In einer Schüssel die Hirse mit den geriebenen Karotten, dem feingehackten Ingwer und Acerola vermischen. Mandelmus (oder Butter) mit dem Handrührgerät verrühren. Eigelb dazugeben und alles zu einer glatten Creme rühren. Sauerrahm, Hirse und Karotten untermischen. Eiweiß sehr steif schlagen und unter die Hirsemasse heben. Eine Auflaufform mit Butter ausstreichen, die Hirsemasse einfüllen und im vorgeheizten Ofen bei milder Hitze 45 Min. backen. Mit dem Apfelkompott servieren.

3.31 Kürbisklößchen mit Tomaten-Petersiliensoße

Schont die Verdauungsorgane, beruhigt Nerven und Magen, hilft Fett zu verdauen, senkt Blutdruck, regt Leberfunktion an, löst Stagnation. Gut bei Appetitlosigkeit, Blähungen.

Anzahl Portionen: 2
Kalorien p. Portion 381
Gramm p. Portion 277,35
Kochdauer ca. 30 Min.
Allergene: ACG
(Kohlehydrat:60,39% / Eiweiß & Fett:39,61%)
100g.≈ Eiweiß 20,46g. Fett:11,68g.
µg. - Ph:70,84 Na:40,59 Ka:124,45 Mg:12,56 Ca:44,62 Fe:0,87 Zn:0,25 Col.:22,16 Hsr.:24,25

Zutaten:
Hokkaidokürbis 100 g. / 100g. (ja)
Huhn Ei 2 Stück / 120g. (ja)
Weizen Mehl 100-150 g. / 120g. (ja)
Salz 1 Prise / 1g. (ja)
Pfeffer gemahlen 1 Prise / 0,5g. ()
Muskatnuss 1 Prise / 0,2g. (ja)
Zitrone Schale 1/2 TL / 2g. (ja)
Parmesan 2 EL / 20g. (empfehlenswert)
Zwiebel Frühlingszwiebel 2 Stück / 40g. (ja)

Tomate 100 g. / 100g. (ja)
Petersilie 1/2 Bund / 50g. (ja)
Salz 1 Prise / 1g. (ja)

Kochanleitung:
Kürbis mit einem scharfen Messer schälen, die Kerne entfernen und
das Fruchtfleisch in große Würfel schneiden. Kürbis in Alufolie wickeln
und im vorgeheizten Ofen bei 200 Grad 20 Min. backen. Eventuell
ausgetretenen Kürbissaft abgießen. Kürbis mit der Gabel fein
zerdrücken und mit den Eiern verrühren. So viel Mehl zugeben, bis ein
Teig entstanden ist, aus welchem sich Klößchen abstechen lassen. Die
Masse mit Zitronenschale, Salz, Pfeffer und Muskat würzen. Mit einem
Teelöffel kleine Klößchen abstechen und im kochenden Salzwasser ca.
7 Min. ziehen lassen. In einer Pfanne die Zwiebeln glasig rösten und die
Tomatenwürfel, Salz und die gehackte Petersilie kurz mit andünsten.
Kürbisklößchen portionsweise mit der Tomaten-Petersilien-Soße
anrichten und Parmesan dazu reichen.

3.32 Lachs auf Tomaten-Spinat

Nährt und stärkt Blut, fördert Ausscheidung, fördert Durchblutung, stärkt
Magen-Darm-Funktion, lindert Entzündungen, regeneriert Haut,
harntreibend, senkt Cholesterinspiegel, löst Stagnation.
Anzahl Portionen: 6
Kalorien p. Portion   365
Gramm p. Portion   354,58
Kochdauer ca.   1 Stunde
Allergene: D
(Kohlehydrat:27,24% / Eiweiß & Fett:72,76%)
100g.≈ Eiweiß 29,54g. Fett:29,9g.
µg. - Ph:19,28 Na:7,43 Ka:53,46 Mg:5,01 Ca:8,25 Fe:0,27 Zn:0,01 Col.:0,28 Hsr.:12,16

Zutaten:
Kartoffel 500 g. / 500g. (ja)
Salz 1 Prise / 1g. (ja)
Lachs 600 g. / 600g. (empfehlenswert)
Rapsöl 2 TL / 24g. (empfehlenswert)
Tomate 100 g. / 100g. (ja)
Spinat 700 g. / 700g. (ja)
Salz 1 Prise / 1g. (ja)
Pinienkerne 4 EL / 40g. (empfehlenswert)
Lauch (Porree) 120 g. / 120g. (ja)
Olivenöl 4 EL / 40g. (empfehlenswert)
Salz 1 Prise / 1g. (ja)
Pfeffer weiss (gemahlen) 1 Prise / 0,5g. (ja)

Kochanleitung:

Kartoffeln schälen, würfelig schneiden und in Salzwasser gar kochen. Den Lachs in Portionen schneiden und in einer Pfanne von beiden Seiten, leicht mit Salz und Pfeffer gewürzt langsam und gleichmäßig braten, später die Pinienkerne dazugeben und leicht anrösten. Spinat in Salzwasser blanchieren, den klein geschnittenen Lauch mit etwas Rapsöl leicht anschwitzen, den blanchierten Spinat dazugeben und gleichmäßig erwärmen. Kurz vor dem Anrichten die halbierten Cocktailtomaten zum Spinat geben und das Gemüse gut mit Salz und Pfeffer abschmecken. Das Spinat-Lauch-Tomaten-Bett mit den Kartoffeln anrichten, den Lachs dazugeben und die gesalzenen Pinienkerne darauf streuen. Das Gericht mit wenig Olivenöl beträufeln und servieren.

3.33 Marinierter Kabeljau auf Kürbispüree

Lindert Entzündungen, verbessert Verdauung, stärkt Milz, Lunge, Magen und Nieren, harntreibend, reduziert Blutzucker, löst Stagnation. Gut bei Verstopfung und Blähungen.

Anzahl Portionen: 4
Kalorien p. Portion   202
Gramm p. Portion   288,65
Kochdauer ca.   2 Stunden
Allergene: DG
(Kohlehydrat:49,4% / Eiweiß & Fett:50,6%)
100g.≈ Eiweiß 17,24g. Fett:5,13g.
µg. - Ph:21,61 Na:8,06 Ka:68,86 Mg:5,61 Ca:8,42 Fe:0,1 Zn:0,02 Col.:1,02 Hsr.:10,18

Zutaten:

Kartoffel 6 Stück / 400g. (ja)
Kürbis 200 g / 200g. (ja)
Zwiebel weiss 1 Stück / 50g. (ja)
Oregano getrocknet 1/2 TL / 1g. (ja)
Zitrone Saft 1/2 Stück / 15g. (ja)
Salz 1 Prise / 1g. (ja)
Pfeffer gemahlen 1 Prise / 0,3g. ()
Creme fraiche 2 EL / 30g. (empfehlenswert)
Joghurt (natur, 1,5 % Fett) 150 g. / 150g. (ja)
Oregano getrocknet 1/4 TL / 1g. (ja)
Basilikum (frisch) 1/2 TL / 2g. (ja)
Kabeljau 300 g. / 300g. (ja)
Salz 1 Prise / 1g. (ja)
Pfeffer gemahlen 1 Prise / 0,3g. ()
Olivenöl 1 TL / 3g. (empfehlenswert)

Kochanleitung:
Joghurt mit Oregano, Basilikum und Thymian vermischen. Fischfilets abwaschen, trockentupfen, in eine flache Form legen und mit der Marinade übergießen. 2 Std. im Kühlschrank durchziehen lassen. Kartoffeln in Salzwasser weich kochen und schälen. Gewürfelte Zwiebel in Öl glasig dünsten, den kleingewürfelten Kürbis zugeben und ca. 10 Min. braten. Oregano, Zitronensaft, Salz, Pfeffer und die Crème fraîche dazugeben und mit dem Mixstab pürieren. Fischfilets aus der Marinade nehmen, abtropfen lassen, trockentupfen und salzen. Eine beschichtete Grillpfanne mit 2 TL Öl bestreichen und die Fischfilets auf beiden Seiten je 3-4 Min. braten und mit den Kartoffeln auf dem Kürbispüree anrichten.

3.34 Nudel-Auflauf mit Quark und Pfirsichen

Lindert Müdigkeit, entspannt, stärkt die Abwehr, beruhigt Nerven und Magen. Gut bei Aufstoßen, akuter oder chronischer Verstopfung, Blähungen, Sodbrennen.

Anzahl Portionen: 4
Kalorien p. Portion 442
Gramm p. Portion 293,5
Kochdauer ca. 1 Stunde
Allergene: ACGO
(Kohlehydrat:65,89% / Eiweiß & Fett:34,11%)
100g.≈ Eiweiß 17,56g. Fett:19,07g.
µg. - Ph:26,04 Na:6,66 Ka:36,6 Mg:4,79 Ca:10,1 Fe:0,19 Zn:0,04 Col.:3,85 Hsr.:9,81

Zutaten:
Pfirsich 500 g. / 500g. (ja)
Nudeln (Weizen, Bandnudeln) mit Ei 200 g / 200g. (ja)
Huhn Ei 2 Stück / 120g. (ja)
Zucker (Staubzucker) 40 g. / 40g. (empfehlenswert)
Vanillezucker natur 3 Paket / 3g. (ja)
Zitrone Schale 1/2 Stück / 2g. (ja)
Zimtpulver 1/4 TL / 1g. (ja)
Topfen (Quark) 20% 250 g. / 250g. (ja)
Butter Bio 2 TL / 8g. (empfehlenswert)
Erdbeermarmelade 4 EL / 50g. (ja)

Kochanleitung:

Ofen auf 180 Grad vorheizen. Pfirsiche kurz in kochendes Wasser legen, abtropfen lassen und die Haut abziehen. Pfirsiche in kleine Spalten schneiden. Nudeln in reichlich Salzwasser bissfest kochen, abgießen, kalt abschrecken und abtropfen lassen. Eier trennen. Eigelb mit Puderzucker, Vanillezucker, abgeriebener Zitronenschale und Zimt mit dem Schneebesen schaumig rühren. Quark einrühren und die Nudeln untermischen. Eiweiß zu festem Schnee schlagen und vorsichtig unter die Nudelmasse heben. Eine Auflaufform dünn mit Butter ausstreichen. Abwechselnd Quark-Nudelmasse und Pfirsichspalten in die Form schichten und mit der Nudelmasse abschließen. Den Auflauf mit Butterflöckchen bestreuen und im vorgeheizten Ofen 30 Min. backen. Portionsweise mit einem Esslöffel Marmelade anrichten.

3.35 Nudeln mit Putenfleisch und Ananas

Bakterizid, löst Gallen-, Nieren- und Blasensteine, liefert Vitamin C, stärkt Blut, baut Milz und Magen auf, stärkt Knochenmark, lindert Entzündungen, harntreibend.

Anzahl Portionen: 4
Kalorien p. Portion 292
Gramm p. Portion 333,12
Kochdauer ca. 45 Min.
Allergene: ACGL
(Kohlehydrat:53,34% / Eiweiß & Fett:46,66%)
100g.≈ Eiweiß 17,59g. Fett:11,45g.
µg. - Ph:22,17 Na:12,05 Ka:50,8 Mg:7,11 Ca:16,79 Fe:0,18 Zn:0,05 Col.:0,98 Hsr.:12,27

Zutaten:

Nudeln (Vollkorn) mit Ei 200 g / 200g. (ja)
Ananas 200 g / 200g. (ja)
Wasser 100 ml. / 50g. (ja)
Pute Brustfleisch 200 g / 200g. (ja)
Rapsöl 1 EL / 12g. (empfehlenswert)
Knoblauch 1 Stück / 2g. (ja)
Grundrezept für eine Gemüsebrühe nahrhaft 100 ml. / 100g. (ja)
Kuhmilch (Vollmilch 3,5 % Fett) 180 ml. / 180g. (empfehlenswert)
Frischkäse 75 g. / 75g. (ja)
Curry 3 tl / 6g. (ja)
Salz 1 Prise / 1g. (ja)
Pfeffer gemahlen 1 Prise / 0,5g. ()
Granatapfel 1 Stück / 300g. (ja)
Kokosflocken 1 EL / 6g. (ja)

Kochanleitung:
Die Nudeln in Salzwasser gar kochen. Die Ananas würfelig schneiden und 5 Min. in Wasser köcheln. Das in Streifen geschnittene Fleisch in Öl anbraten, den gehackten Knoblauch und die in Stücke geschnittene Ananas zufügen, etwa 50 ml vom Ananassaft zugeben und die Gemüsebrühe einrühren. Die Milch und den Frischkäse einrühren, bis er sich vollständig aufgelöst hat. Nun den Curry dazugeben und ein paar Minuten köcheln lassen, bis eine cremige Konsistenz erreicht ist. Mit Salz und Pfeffer abschmecken. Jetzt die Nudeln in die fertige Soße geben. Den Granatapfel aufschneiden und die Kerne auslösen. Beliebig viele Kerne auf den angerichteten Nudeln verteilen. Wer mag, kann Kokosraspeln darüber streuen.

3.36 Ofenkartoffeln mit Sellerie-Quark

Stärkt Milz, lindert Entzündungen, verbessert Verdauung, regeneriert die Haut, harntreibend, senkt Cholesterinspiegel.

Anzahl Portionen: 2
Kalorien p. Portion 304
Gramm p. Portion 398
Kochdauer ca. 30 Min.
Allergene: GL
(Kohlehydrat:52% / Eiweiß & Fett:48%)
100g.≈ Eiweiß 15,61g. Fett:24,04g.
µg. - Ph:19,06 Na:6,87 Ka:59,91 Mg:7,16 Ca:24,85 Fe:0,1 Zn:0,08 Col.:1,01 Hsr.:3,76

Zutaten:
Sellerie Knolle 80 g. / 80g. (ja)
Grundrezept für eine Gemüsebrühe nahrhaft 100 ml. / 100g. (ja)
Kümmel gemahlen 1 Prise / 0,2g. (ja)
Zitrone Schale 1/2 TL / 1g. (ja)
Salz 1 Prise / 1g. (ja)
Pfeffer gemahlen 1 Prise / 0,2g. ()
Zitrone Saft 1 TL / 3g. (ja)
Topfen (Quark) 20% 200 g. / 200g. (ja)
Creme fraiche 1/2 EL / 5g. (empfehlenswert)
Kartoffel 6 Stück / 400g. (ja)
Olivenöl 2 TL / 5g. (empfehlenswert)
Salz 1 Prise / 1g. (ja)

Kochanleitung:
Sellerie-Quark: Sellerie in Gemüsebrühe (nach Grundrezept) mit Kümmel und Zitronenschale zum Kochen bringen und zugedeckt ca. 8 Min. köcheln lassen, bis er weich und die Gemüsebrühe fast verdampft ist. Dann alles mit Zitronensaft mit dem Mixstab fein pürieren, mit dem

Quark glatt rühren und mit Salz und Pfeffer abschmecken.
Ofenkartoffel: Den Ofen auf 200 Grad vorheizen. Kartoffeln gut abbürsten, längs halbieren und mit der Schnittfläche nach oben nebeneinander auf ein Backblech setzen. Schnittflächen leicht salzen, mit Öl beträufeln und im Ofen ca. 25 Min. backen. Sellerie-Quark zu den Kartoffeln reichen.

3.37 Orientalische Reispfanne

Stärkt Magen, Nieren und Blase, löst Stagnation, fördert Gewichtsabnahme, hilft Fett zu verdauen und liefert zahlreiche Vitamine, Mineralstoffe sowie sekundäre Pflanzenwirkstoffe. Gut bei Abwehrschwäche, Appetitlosigkeit, Blähungen, Bluthochdruck.

Anzahl Portionen: 6
Kalorien p. Portion 303
Gramm p. Portion 271,83
Kochdauer ca. 30 Min.
Allergene: EL
(Kohlehydrat:81,36% / Eiweiß & Fett:18,64%)
100g.≈ Eiweiß 9,51g. Fett:5,44g.
µg. - Ph:14,12 Na:4,25 Ka:29,82 Mg:11,83 Ca:25,45 Fe:0,16 Zn:0,01 Col.:0 Hsr.:12,22

Zutaten:
Reis Vollkorn 180 g. / 180g. (ja)
Grundrezept für eine Gemüsebrühe nahrhaft 600 ml. / 500g. (ja)
Curry 1/2 TL / 2g. (ja)
Zwiebel Frühlingszwiebel 4 Stück / 80g. (ja)
Rapsöl 2 EL / 20g. (empfehlenswert)
Paprika 120 g. / 120g. (ja)
Mais 80 g. / 80g. (ja)
Shiitake, getrocknet 20 g. / 80g. (ja)
Bambussprossen 80 g. / 80g. (ja)
Erbsen 80 g. / 80g. (ja)
Pfirsich 60 g. / 60g. (ja)
Ananas 60 g. / 60g. (ja)
Tomate 200 g / 200g. (ja)
Liebstöckel 1 TL / 2g. (ja)
Basilikum (frisch) 1 TL / 2g. (ja)
Petersilie 1 TL / 2g. (ja)
Zitronenmelisse (frisch) 1 TL / 2g. (ja)
Pfeffer gemahlen 1 Prise / 1g. ()

Kochanleitung:
Die Pilze 20 Min. in Wasser einweichen. Den Reis in der Gemüsebrühe 15 Min. kochen und mit etwas Curry würzen .Die Zwiebel schälen und

in kleine Würfel schneiden. Öl in einer Pfanne erhitzen, die Zwiebelwürfel darin andünsten .Paprika waschen, halbieren, Kerngehäuse entfernen, in Würfel schneiden und zufügen. Mais, Pilze und Bambussprossen dazu geben und in 5 Min. bissfest garen. Sojasprossen, Erbsen, Pfirsich- und Ananaswürfel ebenfalls zugeben und anschließend die geschälten, kleingeschnittenen Tomaten dazugeben. Den gegarten Reis zugeben und mit den Kräutern und Pfeffer abschmecken.

3.38 Palatschinken mit Spinat und Parmesan

Fördert Ausscheidung und Durchblutung, stärkt Magen, Darm und Immunsystem. Gut bei Appetitlosigkeit, Blähungen, Bluthochdruck, Depressionen, Diabetes, Verstopfung, Darmentzündung.

Anzahl Portionen: 6
Kalorien p. Portion 329
Gramm p. Portion 303
Kochdauer ca. 25 Min.
Allergene: ACGL
(Kohlehydrat:46% / Eiweiß & Fett:54%)
100g.≈ Eiweiß 17,5g. Fett:18,52g.
µg. - Ph:3,27 Na:3,24 Ka:6,47 Mg:0,96 Ca:4,52 Fe:0,05 Zn:0,02 Col.:1,32 Hsr.:1,02

Zutaten:
Vollkornmehl 100 g. / 100g. (ja)
Weizen Mehl 100 g. / 100g. (ja)
Huhn Ei 4 Stück / 200g. (ja)
Kuhmilch (Vollmilch 3,5 % Fett) 400 ml. / 400g. (empfehlenswert)
Salz 1 Prise / 1g. (ja)
Sonnenblumenöl 1 EL / 15g. (empfehlenswert)
Olivenöl 1 EL / 15g. (empfehlenswert)
Zwiebel weiss 1 Stück / 50g. (ja)
Petersilie 1/2 Bund / 80g. (ja)
Grundrezept für eine Gemüsebrühe nahrhaft 150 ml. / 150g. (ja)
Basilikum (frisch) 1/4 TL / 1g. (ja)
Muskatnuss 1 Prise / 0,3g. (ja)
Creme fraiche 3 EL / 45g. (empfehlenswert)
Spinat 600 g. / 600g. (ja)
Salz 1 Prise / 1g. (ja)
Pfeffer gemahlen 1 Prise / 0,1g. ()
Parmesan 60 g. / 60g. (empfehlenswert)

Kochanleitung:
Mehl, Eier, Milch und eine Prise Salz mit dem Schneebesen glatt rühren. Aus dem Teig Palatschinken auf beiden Seiten knusprig braun braten. Öl in einem kleinen Topf erhitzen und kleingeschnittene Zwiebel darin gut weich dünsten. Kleingehackte Petersilie unterrühren und kurz mitdünsten. Mit der Gemüsebrühe (nach Grundrezept) aufgießen, mit Basilikum und Muskat würzen und zugedeckt 15 Min. köcheln lassen. Crème fraîche zugeben und alles fein pürieren. Den gewaschenen tropfnassen Spinat mit etwas Salz in einem geschlossenen Topf bei mäßiger Hitze 3 Min. kochen, in einem Sieb abtropfen lassen und in kleine Stücke schneiden. Spinat in die Soße einrühren und kurz erhitzen. Parmesan untermischen. Die Palatschinken mit dem Rahmspinat füllen.

3.39 Pikante Avocadocreme mit Hüttenkäse

Hilft bei Entzündungen, Schwellungen, Schmerzen und Juckreiz. Stärkt Magen und Verdauungssystem, entgiftet, bakterizid.

Anzahl Portionen: 4
Kalorien p. Portion 613
Gramm p. Portion   271,25
Kochdauer ca.   15 Min.
Allergene: G
(Kohlehydrat:39% / Eiweiß & Fett:61%)
100g.≈ Eiweiß 11,04g. Fett:40,92g.
µg. - Ph:7,44 Na:14,84 Ka:19,28 Mg:1,27 Ca:2,23 Fe:0,03 Zn:0,03 Col.:0,06 Hsr.:1,09

Zutaten:
Avocado 2 Stück / 600g. (empfehlenswert)
Pfeffer gemahlen 1 Prise / 0,5g. ()
Salz 1 Prise / 1g. (ja)
Zitrone Saft 1/2 Stück / 15g. (ja)
Paprika (Rosenpaprikapulver) 1 Prise / 1g. (ja)
Olivenöl 1 EL / 10g. (empfehlenswert)
Chili (Schote oder gemahlen) 1 Prise / 0,5g. (ja)
Kräuter verschiedene 1 EL / 7g. (ja)
Hüttenkäse 1 Becher / 250g. (ja)
Brot mit Johannisbrotkernmehl 8 Scheiben / 200g. (ja)

Kochanleitung:
Avocadofleisch pürieren und mit reichlich gemahlenem Pfeffer, Zitronensaft, Rosenpaprika, einigen Tropfen Öl, Chili, frischen gehackten Kräutern und einer Prise Salz würzen. Hüttenkäse (etwa gleiche Menge wie Avocadocreme) vorsichtig untermengen. Passt zu: Kartoffeln und Hirse, mit denen die Avocadocreme in Kombination mit

Gemüsegerichten, Hülsenfrüchten oder Blattsalaten eine delikate Mahlzeit ergibt. Eignet sich auch sehr gut als Vorspeise oder als Mitbringsel auf Partys und als Morgenmahlzeit im Sommer, zusammen mit einem milden Gericht aus Linsen oder Adzukibohnen und geraspeltem Rettich.

3.40 Porridge mit Rosinen und Sake

Stärkt Abwehrkraft, fördert Durchblutung, verbessert Medikamentenwirkung, regt Appetit an, entschlackt die Haut, regt Nerven an, befreit Atmung, erhöht Körpertemperatur, treibt Schweiß.

Anzahl Portionen: 1
Kalorien p. Portion 427
Gramm p. Portion 356
Kochdauer ca. 10 Min.
Allergene: AGO
(Kohlehydrat:66,81% / Eiweiß & Fett:33,19%)
100g.≈ Eiweiß 11,78g. Fett:16,8g.
µg. - Ph:107,91 Na:22,97 Ka:150,88 Mg:29,72 Ca:60,08 Fe:0,83 Zn:0,87 Col.:2,11 Hsr.:25,96

Zutaten:
Hafer Flocken (Vollkorn) 8 EL / 60g. (ja)
Wasser 1/8 Liter / 125g. (ja)
Kuhmilch (Vollmilch 3,5 % Fett) 1/8 Liter / 125g. (empfehlenswert)
Salz 1 Prise / 1g. (ja)
Sahne, süß 30% 2 EL / 20g. (empfehlenswert)
Rosinen 1 EL / 15g. (ja)
Sake 1 EL / 10g. (ja)

Kochanleitung:
Wasser und Milch mit einer Prise Salz aufkochen. 4 EL grobe Haferflocken einstreuen und zu einem Brei verkochen. 4 EL feine Haferflocken mitkochen, vom Herd nehmen und ausquellen lassen. In einer vorgewärmten Schüssel anrichten und mit flüssiger Sahne übergießen, Rosinen und Sake untermischen.

3.41 Putenbrust mit Gemüse (asiatisch)

Stärkt Blut, baut Milz und Magen auf, stärkt Knochenmark, löst Stagnation, fördert die Verdauung, kuriert Bluthochdruck, befeuchtet Lunge und Dickdarm, gut gegen Depressionen.

Anzahl Portionen: 2
Kalorien p. Portion 535
Gramm p. Portion 371
Kochdauer ca. 45 Min.
Allergene: AEN
(Kohlehydrat:54% / Eiweiß & Fett:46%)
100g.≈ Eiweiß 31,92g. Fett:18,02g.
µg. - Ph:27,73 Na:66,82 Ka:46,74 Mg:7,57 Ca:3,14 Fe:0,2 Zn:0,21 Col.:4,05 Hsr.:15,18

Zutaten:
Reis Sorte beliebig 1 Tasse / 120g. (ja)
Wasser 6 Tassen / 240g. (ja)
Pute Brustfleisch 200 g / 200g. (ja)
Ingwer frisch 1 cm. / 3g. (ja)
Knoblauch 1 Stück / 2g. (ja)
Sojasauce 2 EL / 20g. (ja)
Weizen Mehl 2 TL / 15g. (ja)
Zwiebel Frühlingszwiebel 2 Stück / 40g. (ja)
Paprika 1/2 Stück / 10g. (ja)
Champignon 8 Stück / 30g. (ja)
Sesamöl 2 EL / 20g. (empfehlenswert)
Sojasauce 1 EL / 12g. (ja)
Curry 1 Prise / 2g. (ja)
Kurkuma (Gelbwurz) 1 Prise / 2g. (ja)
Chili (Schote oder gemahlen) 1 Prise / 1g. (ja)
Cashewnüsse 2 TL / 25g. (empfehlenswert)

Kochanleitung:
Reis im Salzwasser gar kochen. Das Putenfleisch in schmale Streifen schneiden. Ingwer und Knoblauch schälen und würfeln und zusammen mit den Fleischstreifen in eine Schüssel geben. 1 EL Sojasoße mit der Weizenstärke vermischen und glattrühren. Danach über das Fleisch geben und alles 30 Min. marinieren. Frühlingszwiebeln und Paprika waschen, putzen und in kleine Stücke schneiden. Die Champignons putzen und vierteln.1 EL des Sesamöls in eine beschichtete Pfanne geben und das marinierte Putenfleisch scharf anbraten und warm stellen. Nun das restliche Öl in die Pfanne geben und das andere Gemüse darin anbraten. Das Fleisch dazugeben und mit Sojasoße und den Gewürzen abschmecken. Mit dem Reis anrichten. Die Cashewkerne vor dem Servieren über das Gericht streuen.

3.42 Quarkknödel auf Erdbeermus

Erdbeeren stärken Milz, Magen und Blut. Eier beruhigen Nerven und Magen.

Anzahl Portionen: 5
Kalorien p. Portion 553
Gramm p. Portion 296,2
Kochdauer ca. 30 Min.
Allergene: ACG
(Kohlehydrat:40,09% / Eiweiß & Fett:59,91%)
100g.≈ Eiweiß 18,89g. Fett:46,85g.
µg. - Ph:26,63 Na:18,36 Ka:29,44 Mg:4,74 Ca:12,16 Fe:0,21 Zn:0,02 Col.:2,41 Hsr.:3,59

Zutaten:
Topfen (Quark) 20% 500 g. / 500g. (ja)
Dinkel Gries 150 g. / 150g. (ja)
Butter Bio 40 g. / 40g. (empfehlenswert)
Huhn Ei 2 Stück / 120g. (ja)
Zucker (Staubzucker) 2 EL / 20g. (empfehlenswert)
Salz 1 Prise / 1g. (ja)
Brösel (Weizenbrot, Semmel) 3 EL / 25g. (ja)
Butter Bio 100 g. / 100g. (empfehlenswert)
Erdbeere 500 g. / 500g. (ja)
Zucker (Staubzucker) 3 EL / 25g. (empfehlenswert)

Kochanleitung:
Quark, Grieß, Butter, Eier, Puderzucker und Salz zu einem glatten Teig verrühren. Den Teig ca. 15 Min. im Kühlschrank ruhen lassen. Danach kleine Knödel (ca. 4 cm) formen und in leicht kochendem Salzwasser ca. 10 Min. ziehen lassen. In einer Pfanne Butter erwärmen und die Brösel darin goldbraun anrösten. Die Knödel vorsichtig in den Bröseln wälzen. Aus Erdbeeren und Puderzucker mit dem Mixstab ein Mus pürieren und zu den Knödeln reichen.

3.43 Reis mit Pastinake

Vitaminreich, Mineralstoffe Kalium und Zink. Bei Durchblutungsstörungen, Thrombose, Emboliegefahr, Bluthochdruck, Kopfschmerzen, Herzinfarkt, Schlaganfall, Hefepilzinfektionen.

Anzahl Portionen: 3
Kalorien p. Portion 206
Gramm p. Portion 261,33
Kochdauer ca. 45 Min.
Allergene:
(Kohlehydrat:78,37% / Eiweiß & Fett:21,63%)
100g.≈ Eiweiß 5,17g. Fett:4,53g.
µg. - Ph:20,16 Na:2,09 Ka:94,99 Mg:7,61 Ca:10,6 Fe:0,15 Zn:0,07 Col.:0 Hsr.:12,18

Zutaten:
Reis Sorte beliebig 1 Tasse / 120g. (ja)
Wasser 2 Tassen / 200g. (ja)
Salz 1 Prise / 1g. (ja)
Pastinake 3-4 Stück / 450g. (ja)
Olivenöl 1 EL / 10g. (empfehlenswert)
Salbei 1 TL / 3g. (ja)

Kochanleitung:
Pastinake schälen und in Scheiben schneiden. Kurz in Öl anbraten.
Reis hinzugeben und kurz mitbraten. Mit Wasser übergießen und
mindestens 30 Min. lang kochen lassen. Mit etwas frischem gehacktem
Salbei bestreuen.

3.44 Reis-Congee mit Hühnerleber und Bocksdornfrüchten

Gut bei Durchblutungsstörungen, Thrombose, Emboliegefahr,
Bluthochdruck, Kopfschmerzen, Herzinfarkt und Schlaganfall. Enthält
viele Vitamine und Mineralien und hat ein hochwertiges
Aminosäurenprofil. Reguliert Blutdruck und Blutzuckerspiegel, stärkt
Magen

Anzahl Portionen: 3
Kalorien p. Portion 176
Gramm p. Portion   307,67
Kochdauer ca.   3 Stunden
Allergene: EO
(Kohlehydrat:93,86% / Eiweiß & Fett:6,14%)
100g.≈ Eiweiß 7,51g. Fett:1,45g.
µg. - Ph:13,48 Na:8,14 Ka:12,68 Mg:88,73 Ca:84,13 Fe:0,25 Zn:0,05 Col.:1,44 Hsr.:7,24

Zutaten:
Grundrezept für eine Reissuppe (Congee) 5 Tassen / 800g. (ja)
Huhn Leber 1/2 Tasse / 60g. (ja)
Bocksdornfrüchte (Fructus Lycii) getrocknet 1/2 Tasse / 60g. (ja)
Sojasauce 1 Schuss / 3g. (ja)

Kochanleitung:
Grundrezept für Reis-Congee herstellen, Hühnerleber und
Bocksdornfrüchte mitkochen und mit Sojasoße abschmecken.

3.45 Rhabarberkuchen mit Streuseln

Führt ab, senkt Fieber, schont die Verdauungsorgane, entgiftet, wirkt bei Appetitlosigkeit, Blähungen, Darmentzündung. Lindert Schmerzen, bakterizid, hilft bei brüchigen Nägeln und Haaren, bei trockener Haut, Akne und Ekzemen.

Anzahl Portionen: 8
Kalorien p. Portion 476
Gramm p. Portion 239,5
Kochdauer ca. 1 1/2 Stunden
Allergene: AG
(Kohlehydrat:71,96% / Eiweiß & Fett:28,04%)
100g.≈ Eiweiß 12,4g. Fett:15,41g.
µg. - Ph:14,75 Na:1,3 Ka:29,73 Mg:3,75 Ca:5,17 Fe:0,2 Zn:0,02 Col.:0,01 Hsr.:12,08

Zutaten:
Weizen Mehl 400 g. / 400g. (ja)
Kuhmilch (Vollmilch 3,5 % Fett) 250 ml. / 200g. (empfehlenswert)
Hefe 30 g. / 30g. (ja)
Honig 2 TL / 5g. (ja)
Sonnenblumenöl 2 TL / 5g. (empfehlenswert)
Zitrone Schale 1 Stück / 3g. (ja)
Salz 1 Prise / 1g. (ja)
Rhabarber 1 Kg / 800g. (ja)
Margarine 120 g. / 120g. (empfehlenswert)
Weizen Mehl 300 g. / 300g. (ja)
Vanillezucker natur 2 Prisen / 1g. (ja)
Zimtpulver 2 Prisen / 1g. (ja)
Honig 5 EL / 50g. (ja)

Kochanleitung:
Mehl, abgeriebene Zitronenschale und Salz mischen. Milch leicht erwärmen und mit Hefe und Honig verrühren. Mehlgemisch und Öl zugeben und kräftig durchkneten. Den Teig zugedeckt an einem warmen Ort gehen lassen, bis er die doppelte Menge erreicht hat (ca. 30 Min.). Für die Streusel Mehl mit Vanille und Zimt mischen, danach Honig und Margarine zufügen und zu einer krümeligen Masse verarbeiten. Streuselteig noch kühl stellen. Ein Backblech mit Backpapier auslegen. Den Teig für den Boden noch einmal durchkneten, ausrollen, auf das Backblech legen und noch einmal 10 Min. gehen lassen. Den Rhabarber waschen, putzen, längs halbieren und in ca. 3 cm große Stücke schneiden. Die Stücke gleichmäßig auf dem ausgerollten Teig verteilen und die Streusel über den gesamten Kuchen krümeln. Den Kuchen in dem auf 175 Grad vorgeheizten Backofen ca. 40 Min. backen.

3.46 Rinderkraftbrühe

Erwärmend und nährend, baut Kräfte auf.

Anzahl Portionen: 7
Kalorien p. Portion 125
Gramm p. Portion 263,57
Kochdauer ca. 2-6 Stunden
Allergene: L
(Kohlehydrat:11,28% / Eiweiß & Fett:88,72%)
100g.≈ Eiweiß 21,12g. Fett:3,81g.
µg. - Ph:8,55 Na:2,68 Ka:15,22 Mg:1,38 Ca:2,17 Fe:0,15 Zn:0,03 Col.:0,4 Hsr.:6,57

Zutaten:
Wasser 1 Liter / 1000g. (ja)
Zitrone 2 Spritzer / 2g. (ja)
Rind Fleisch 500 g. / 500g. (ja)
Rind Fleischknochen 2 Stück / 0g. (ja)
Kurkuma (Gelbwurz) gute Prise / 1g. (ja)
Karotte (Mohrrübe, Möhre) 2 Stück / 100g. (ja)
Sellerie Knolle 3 cm / 25g. (ja)
Petersilienwurzel 1 Stück / 150g. (ja)
Zwiebel weiss 1 Stück / 50g. (ja)
Lorbeerblatt 2-3 Blatt / 2g. (ja)
Koriander 1/2 TL / 2g. (ja)
Ingwer frisch 2 cm. / 2g. (ja)
Wakame 2 cm. / 1g. (ja)
Petersilie 1 Stiel / 10g. (ja)

Kochanleitung:
Fleisch und Fleischknochen mit kaltem Wasser knapp bedeckt
aufsetzen und einige Spritzer Zitronensaft und etwas Kurkuma
dazugeben, zum Kochen bringen und einen Moment kochen lassen.
Dann die ganze Brühe weggießen, den Topf säubern, Fleisch und
Knochen mit heißem Wasser abspülen (dadurch erspart man sich das
Abschäumen) und mit 1 l heißem Wasser erneut aufsetzen mit
folgenden Zutaten: eine gute Prise Kurkuma, Karotten, Sellerie,
Petersilienwurzel, Zwiebel, Lorbeerblätter, Koriander, ein Stück in
Scheiben geschnittenen Ingwer, ein Streifen Wakame und ein Stiel
Petersilie. Alles zusammen aufkochen und 2-6 Std. köcheln lassen
(wenn das Fleisch anderweitig verwendet werden soll, nimmt man es
nach 1,5-2 Std. aus der Brühe, sobald es gar ist. Die Knochen gibt man
zurück in die Brühe). Nach Ende der Kochzeit die Brühe durch ein Sieb
geben und nur diese behalten ohne alle Zutaten. Hinweise: Je länger
die Brühe gekocht hat, um so erwärmender und nährender ist sie. Sie
ist nach dem Abkühlen 3-4 Tage im Kühlschrank haltbar. Die Brühe

kann heiß getrunken werden oder dient als Basis für Suppen mit Getreide, Kartoffeln und frischem Gemüse.

3.47 Rindfleisch-Kürbis-Gemüse-Eintopf

Lindert Entzündungen, verbessert Verdauung, reduziert Blutzucker, stärkt Muskeln, Sehnen und Knochen, hilft Fett zu verdauen.

Anzahl Portionen: 4
Kalorien p. Portion 368
Gramm p. Portion   403,88
Kochdauer ca.   1 Stunde
Allergene: AL
(Kohlehydrat:47,68% / Eiweiß & Fett:52,32%)
100g.≈ Eiweiß 30,33g. Fett:11,31g.
µg. - Ph:18,15 Na:12,9 Ka:63,49 Mg:6,73 Ca:14,8 Fe:0,3 Zn:0,08 Col.:1 Hsr.:11,31

Zutaten:
Rind Fleisch 350 g. / 350g. (ja)
Kürbis 350 g. / 350g. (ja)
Lauch (Porree) 150 g. / 150g. (ja)
Kartoffel 350 g. / 350g. (ja)
Tomate 150 g. / 150g. (ja)
Olivenöl 2 EL / 25g. (empfehlenswert)
Grundrezept für eine Gemüsebrühe nahrhaft 125 g. / 125g. (ja)
Salz 1 Prise / 1g. (ja)
Pfeffer gemahlen 1 Prise / 0,5g. ()
Paprika (Rosenpaprikapulver) 1 TL / 2g. (ja)
Kümmel gemahlen 1 Prise / 1g. (ja)
Zucker Ursüße (Zuckerrohr) süß 1 Prise / 1g. (empfehlenswert)
Petersilie 1/2 Bund / 30g. (ja)
Weißbrot (Weizenbrot) 4 Scheiben / 80g. (ja)

Kochanleitung:
Rindfleisch in Würfel schneiden. Kürbis schälen und würfeln. Lauch in Ringe schneiden und geschälte Kartoffeln würfeln. Die Tomaten mit kochendem Wasser überbrühen, Haut abziehen und würfeln. Fleisch in Olivenöl anbraten und mit Gemüsebrühe auffüllen. Das geputzte Gemüse dazugeben und mit Salz, Pfeffer, Paprika, Kümmel und Fruchtzucker abschmecken. 30 Min. bei schwacher Hitze schmoren .Noch einmal würzen und mit Petersilie bestreut mit Weißbrot servieren.

3.48 Roher Selleriesalat

Erfrischend. Stärkt Magen, Leber, Nieren und Muskeln. Liefert Vitamin C, stärkt Verdauungssystem, entgiftet, bakterizid, fördert Durchblutung, fördert Gewichtsabnahme.

Anzahl Portionen: 1
Kalorien p. Portion 590
Gramm p. Portion 327
Kochdauer ca. 15 Min.
Allergene: HLN
(Kohlehydrat:26% / Eiweiß & Fett:74%)
100g.≈ Eiweiß 6,84g. Fett:51,9g.
µg. - Ph:58,86 Na:64,97 Ka:271,14 Mg:26,75 Ca:65,8 Fe:0,65 Zn:0,25 Col.:0,12 Hsr.:40,4

Zutaten:

Sellerie Knolle 1/4 Stück / 125g. (ja)
Sellerie Stangensellerie 2 Äste / 30g. (ja)
Sesamöl 4 EL / 40g. (empfehlenswert)
Mandelmus 2 EL / 20g. (ja)
Pfeffer gemahlen 1 Prise / 0,5g. ()
Salz 1 Prise / 1g. (ja)
Zitrone 1/2 Tasse / 50g. (ja)
Orangensaft 1/2 Tasse / 60g. (ja)
Paprika (Rosenpaprikapulver) 1 Prise / 1g. (ja)

Kochanleitung:

Sellerieknolle fein raspeln. Selleriestange in kleine Stücke schneiden, Selleriegrün -falls vorhanden- kleinschneiden, blanchieren und alles vermischen. Dressing: Sesamöl, Mandelmus, Pfeffer, Salz, Zitronen- und Orangensaft (frisch) und etwas Rosenpaprika gut durchrühren. Mit dem Sellerie vermischen und gut durchziehen lassen.

3.49 Rührei mit Blattsalat-Oliven-Tomaten

Beruhigt Nerven und Magen, lindert Müdigkeit, verbessert Magen-Darm-Funktionen, fördert Verdauung, regt Leberfunktion an, entgiftet, hilft Fett zu verdauen, harntreibend, senkt Blutdruck.

Anzahl Portionen: 1
Kalorien p. Portion 420
Gramm p. Portion 264,5
Kochdauer ca. 10 min.
Allergene: C
(Kohlehydrat:8,12% / Eiweiß & Fett:91,88%)
100g.≈ Eiweiß 24,41g. Fett:33,87g.
µg. - Ph:158,24 Na:226,06 Ka:184,43 Mg:13,79 Ca:53,45 Fe:1,72 Zn:1,03 Col.:269,53 Hsr.:7,45

Zutaten:
Huhn Ei 2-3 Stück / 180g. (ja)
Olivenöl 1 EL / 10g. (empfehlenswert)
Salz 1 Prise / 1g. (ja)
Pfeffer gemahlen 1 Prise / 0,5g. ()
Oliven 6 Stück / 10g. (empfehlenswert)
Tomate 1 Stück / 50g. (ja)
Kopfsalat 2 Blätter / 5g. (ja)
Kurkuma (Gelbwurz) 1 Prise / 1g. (ja)
Petersilie 1/2 EL / 5g. (ja)
Basilikum (frisch) 2-3 Blatt / 2g. (ja)

Kochanleitung:
In der Pfanne Olivenöl erhitzen, Tomate in Scheiben schneiden und
Salat in kleine Stücke zupfen. Tomaten, Salat und Oliven kurz
andünsten und dabei die Eier mit Salz und Gewürzen mit einer Gabel
verrühren und diese Masse in die Pfanne eingießen. Mit einem
Holzlöffel umrühren, bis die gewünschte Konsistenz erreicht ist.
Gewürze und Kräuter: Kurkuma, Petersilie, Basilikum, Schwarzkümmel.
Variante: Zucchini, Rucola

3.50 Rührei mit Rucola und Kräutern

Beruhigt Nerven und Magen, fördert Verdauung, entgiftet, stärkt
Säfteproduktion, treibt Schweiß, reduziert Blutfett, regt an, löst
Stagnation, regt Leberfunktion an, harmonisiert Leber und Milz.
Anzahl Portionen: 1
Kalorien p. Portion   360
Gramm p. Portion   191
Kochdauer ca.   10 Min
Allergene: CG
(Kohlehydrat:11% / Eiweiß & Fett:89%)
100g.≈ Eiweiß 16,61g. Fett:30,38g.
µg. - Ph:156,1 Na:98,06 Ka:229,29 Mg:15,37 Ca:66,01 Fe:1,96 Zn:0,98 Col.:273,93
Hsr.:9,63

Zutaten:
Butter Bio 2 EL / 20g. (empfehlenswert)
Ingwer frisch 1 Messerspitze / 1g. (ja)
Huhn Ei 2 Stück / 120g. (ja)
Pfeffer gemahlen 1 Prise / 0,5g. ()
Koriander 1 Prise / 1g. (ja)
Petersilie 2 EL / 16g. (ja)
Oregano getrocknet 1 TL / 2g. (ja)
Bohnenkraut 1 Prise / 0,5g. (ja)

Kochanleitung:
Ein Stück Butter in einer Pfanne schmelzen lassen. Etwas kleingeschnittenen Ingwer kurz darin anbraten. 1 Ei darin aufschlagen und frisch gemahlenen Pfeffer, eine Prise Koriander, Bohnenkraut, etwas Salz, gehackte Petersilie, Rucola und Oregano (kleingeschnitten) unterrühren, bis das Ei stockt, aber noch saftig ist. Dazu passt: Hirse, Polenta, Kartoffeln, getoastetes Brot. Bekömmlicher ist das Gericht jedoch ohne Kohlehydrate.

3.51 Schnellpolenta mit Avocado und Frühlingszwiebel

Gut bei Entzündungen, Schwellungen und Schmerzen. Stärkt Magen und Milz, harntreibend, lässt Gallensaft fließen, löst Stagnation, liefert ungesättigte Fettsäuren, antioxidativ.

Anzahl Portionen: 2
Kalorien p. Portion 449
Gramm p. Portion 286
Kochdauer ca. 10 min.
(Kohlehydrat:55% / Eiweiß & Fett:45%)
100g.≈ Eiweiß 6,92g. Fett:27,5g.
µg. - Ph:16,92 Na:0,99 Ka:54,42 Mg:8,7 Ca:3,02 Fe:0,13 Zn:0,17 Col.:0,01 Hsr.:3,78

Zutaten:
Mais (Schnellpolenta) 1 Tasse / 120g. (ja)
Wasser 2 Tassen / 240g. (ja)
Olivenöl 1 EL / 15g. (empfehlenswert)
Salz 1 Prise / 1g. (ja)
Pfeffer gemahlen 1 Prise / 0,5g. ()
Zitrone Saft 1 Schuss / 3g. (ja)
Zwiebel Frühlingszwiebel 2 Stück / 40g. (ja)
Avocado 1/2 Stück / 150g. (empfehlenswert)
Kurkuma (Gelbwurz) 1 Prise / 1g. (ja)
Basilikum (frisch) 1 TL / 2g. (ja)

Kochanleitung:
Wasser erhitzen. Öl, Zitrone und Gewürze dazugeben. Wenn das Wasser kocht, Polenta unter ständigem Rühren einrieseln lassen und 2 Min. kochen. Wenn der Brei fest wird, ist die Polenta ferti Gewürfelte Avocado und geschnittene Frühlingszwiebel unter die Polenta mischen. Mit frischem Basilikum überstreuen.

3.52 Selleriesuppe

Stärkt Magen, beruhigt Nerven, fördert Appetit und Verdauung, löst Stagnation.

Anzahl Portionen: 4
Kalorien p. Portion 101
Gramm p. Portion 285,62
Kochdauer ca. 45 Min.
Allergene: ACGL
(Kohlehydrat:43,65% / Eiweiß & Fett:56,35%)
100g.≈ Eiweiß 4,33g. Fett:5,7g.
µg. - Ph:11,03 Na:20,2 Ka:44,23 Mg:2,49 Ca:11,41 Fe:0,11 Zn:0,01 Col.:1,44 Hsr.:8,46

Zutaten:
Wasser 1/2 Liter / 500g. (ja)
Butter Bio 1 EL / 15g. (empfehlenswert)
Muskatnuss 1 Prise / 1g. (ja)
Salz 1 Prise / 1g. (ja)
Dinkel Vollkornmehl 2-3 TL / 25g. (ja)
Sellerie Knolle 1 Stück / 500g. (ja)
Huhn Ei 1 Stück / 55g. (ja)
Sahne sauer 10% 2-3 EL / 25g. (ja)
Sellerie Stangensellerie 2 EL / 20g. (ja)
Pfeffer gemahlen 1 Prise / 0,5g. ()

Kochanleitung:
1 EL Butter in einem Topf zerlassen. Eine Messerspitze Muskat, eine Prise Salz und 2-3 TL Dinkelvollkornmehl (fein und möglichst frisch gemahlen) hineingeben und unter Rühren zu einer Schwitze verarbeiten. 500 ml heißes Wasser nach und nach einrühren und den großen, fein geschnittenen Knollensellerie zugeben. Etwa 35 Min. garen und danach pürieren. 1 Eigelb mit der Sahne verrühren und in der heißen -nicht mehr kochenden!- Suppe kräftig untermengen. Einige Sellerieblätter fein gehackt dazugeben und mit Pfeffer und Salz abschmecken.

3.53 Tomaten mit Mozzarella

Fördert Verdauung, hilft Fett zu verdauen, harntreibend, senkt Blutdruck. Hilft bei Appetitlosigkeit, Blähungen, Darmentzündungen, Übelkeit, ist entkrampfend und beruhigend.

Anzahl Portionen: 1
Kalorien p. Portion   436
Gramm p. Portion   217
Kochdauer ca.   5 min
Allergene: AG
(Kohlehydrat:36,98% / Eiweiß & Fett:63,02%)
100g.≈ Eiweiß 14,85g. Fett:30,32g.
µg. - Ph:90,53 Na:176,32 Ka:158,47 Mg:12,75 Ca:109,48 Fe:0,33 Zn:0,5 Col.:10,69 Hsr.:13,46

Zutaten:
Mozzarella 1 Stück / 50g. (ja)
Tomate 2 Stück / 100g. (ja)
Salz 1 Prise / 1g. (ja)
Basilikum (frisch) 5 Blätter / 6g. (ja)
Olivenöl 2 EL / 20g. (empfehlenswert)
Weißbrot (Weizenbrot) 2 Scheiben / 40g. (ja)

Kochanleitung:
Tomaten und Mozzarella in Scheiben schneiden. Auf Teller verteilen, salzen und mit Basilikum und Olivenöl anrichten. Dazu Weißbrot servieren.

3.54 Vanillecreme mit Beeren

Stärkt die Abwehr gegen Pilzinfektionen, abführend, entgiftend, blutreinigend. Gut bei Körperschwäche, chronischer Verstopfung, Gewichtsverlust.

Anzahl Portionen: 4
Kalorien p. Portion   282
Gramm p. Portion   272
Kochdauer ca.   15 Min.
Allergene: G
(Kohlehydrat:27,7% / Eiweiß & Fett:72,3%)
100g.≈ Eiweiß 13,39g. Fett:31,23g.
µg. - Ph:23,97 Na:6,5 Ka:32,71 Mg:3,46 Ca:21,12 Fe:0,1 Zn:0,02 Col.:0,41 Hsr.:1,8

Zutaten:
Topfen (Quark) 20% 400 g. / 400g. (ja)
Joghurt (natur, 1,5 % Fett) 150 g. / 150g. (ja)
Zucker braun 2 TL / 8g. (empfehlenswert)
Acerola Fruchtnektar oder Pulver 1 TL / 2g. (ja)

Vanillezucker natur 3 paket / 3g. (ja)
Sahne, süß 30% 125 g. / 125g. (empfehlenswert)
Erdbeere 100 g. / 100g. (ja)
Himbeere 100 g. / 100g. (ja)
Brombeere 100 g. / 100g. (ja)
Heidelbeere 100 g. / 100g. (ja)

Kochanleitung:
Quark, Joghurt, Zucker, Acerola und Vanillezucker mit dem
Handrührgerät oder Schneebesen glatt rühren. Sahne sehr steif
schlagen, unter die Quarkcreme mischen und portionsweise mit den
Beeren anrichten.

3.55 Zwetschgenkuchen

Entwässert den Körper, regt die Verdauung an, bindet Fette im Darm,
lindert Schmerzen, entgiftet, bakterizid, beugt Krebs vor. Gut bei
Appetitlosigkeit, Blähungen, Darmentzündung, Fettsucht, Gicht,
Magengeschwür, Magenkrampf, Rheuma, Sodbrennen.
Anzahl Portionen: 6
Kalorien p. Portion 503
Gramm p. Portion   307,83
Kochdauer ca.   1 Stunde
Allergene: AG
(Kohlehydrat:71,38% / Eiweiß & Fett:28,62%)
100g.≈ Eiweiß 12,33g. Fett:19,28g.
µg. - Ph:15,91 Na:4,6 Ka:32,67 Mg:3 Ca:5,23 Fe:0,16 Zn:0,02 Col.:0,05 Hsr.:8,3

Zutaten:
Topfen (Quark) 20% 200 g / 200g. (ja)
Weizen Mehl 400 g. / 400g. (ja)
Kuhmilch (Vollmilch 3,5 % Fett) 6 EL / 70g. (empfehlenswert)
Rapsöl 6 EL / 70g. (empfehlenswert)
Honig 8 EL / 100g. (ja)
Backpulver 1 Paket / 3g. (ja)
Salz 1 Prise / 1g. (ja)
Zimtpulver 1 TL / 3g. (ja)
Zwetschken 1 Kg / 1000g. (ja)

Kochanleitung:
Mehl, Quark, Milch, Öl, Honig, Salz und Backpulver zu einem glatten
Teig verrühren. Den Teig 15. Min. kühl stellen und quellen lassen.Auf
einem mit Backpapier ausgelegten Backblech den Teig auslegen, die
Pflaumen gleichmäßig darauf verteilen und mit dem Zimt bestreuen. Für
ca. 40 Min. bei 190 Grad backen.

4 Wirkung der Lebensmittel

4.1 Zutaten verwenden: empfehlenswert

Ahornsirup
Astronautenkost
Avocado
Blätterteig
Brie
Butter Bio
Camembert
Cashewnüsse
Creme fraiche
Emmentaler
Ente (Frühmastente, schlachtfrisch)
Erdnuss (geröstet)
Erdnüsse
Feta
Gans
Gans (Gänseklein)
Gewürznelke
Gorgonzola
Gouda
Haselnüsse
Joghurt (natur, 3,5 % Fett)
Kastanien (Maronen)
Kuhmilch (Vollmilch 3,5 % Fett)
Kürbiskerne
Kürbiskernöl
Lachs
Leinöl
Maiskeimöl
Makrele
Mandeln
Mandeln Marzipan
Margarine
Margarine (Diät)
Mohn
Oliven

Oliven grün
Olivenöl
Palmöl
Paranuss
Parmesan
Pinienkerne
Pistazien
Rapsöl
Sahne sauer 30%
Sahne, süß 30%
Sardellen/Sardine
Sesam Paste (Tahini)
Sesam, Schwarzer
Sesam, Weißer
Sesamöl
Sesamöl geröstet
Sojaöl
Sonnenblumenkerne
Sonnenblumenöl
Thunfisch
Topfen (Quark) 40%
Walnüsse
Walnüsse geröstet
Walnussöl
Weizenkeimöl
Zucker (Staubzucker)
Zucker (weiß, aus Rüben)
Zucker braun
Zucker Fructose Fruchtzucker
Zucker Glukose Traubenzucker
Zucker Kandis weiß
Zucker Melasse
Zucker Milchzucker
Zucker Palmzucker
Zucker Ursüße (Zuckerrohr) süß

4.2 Zutaten verwenden: ja

Aal
Aal geräuchert
Acerola Fruchtnektar oder Pulver
Adzukibohnen
Agar-Agar, Agartang
Agavendicksaft
Aloesaft
Amaranth
Amaranth POPS
Ananas
Ananas (aus der Dose)

Ananassaft ungezuckert
Andornkraut
Angelikawurzel
Anis (gemeiner Fenchel)
Apfel (sauer)
Apfel (süß)
Apfelmus
Apfelsaft (Naturtrüb)
Aprikose
Aprikose getrocknet
Aprikosen Marmelade

Aprikosennektar
Artischocke
Aubergine
Austern
Austernpilze
Austernschalenpulver
Backpulver
Baldrian
Bambussprossen
Banane
Banane Kochbanane
Banchatee
Bärentraubenblätter
Bärlauch (Knoblauchspinat)
Barsch
Basilikum
Basilikum (frisch)
Bataviasalat
Beeren der Saison
Beerensaft
Benediktinerdistel
Berberitzenrindetee
Bier (alkoholarm)
Bier (alkoholfrei)
Bier (Altbier)
Bier (Pils)
Birne
Birnensaft
Bitter Lemon
Bitterklee
Bitterlikör
Bitterorangenschale
Blattsalate (bitter)
Blumenkohl (Karfiol)
Blütenpollen
Bocksdornfrüchte (Fructus Lycii) getrocknet
Bockshornklee
Bohnen (grün, frisch)
Bohnenkraut
Bohnenöl
Borretsch
Borretschöl
Boxhornkleesamen
Bratöl
Brennnessel
Brokkoli
Brombeerblätter
Brombeere
Brombeere getrocknet (unreife)
Brombeermarmelade
Brösel (Weizenbrot, Semmel)
Brot mit Johannisbrotkernmehl
Brötchen (Semmel)

Buchweizen
Buchweizen (geröstet) Kasha
Buchweizen Vollkorn
Bulgur (Getreide)
Buschbohnen
Butter (halbfett)
Butterbohnen weiße
Buttermilch
Butterschmalz
Calamari
Campari
Champignon
Channa-Dal
Chenpi (chinesische Mandarinenschale)
Chicorée
Chili (Schote oder gemahlen)
Chinakohl
Chlorella (Süßwasser)
Chrysanthemenblütentee
Clementinen
Colagetränk
Couscous
Cranberries
Cumin (Kreuzkümmel)
Curry
Currypaste rot
Dashi
Datteln getrocknet
Datteln rot
Dill
Dinkel
Dinkel Brot
Dinkel Flocken
Dinkel Gries
Dinkel Vollkornmehl
Distelöl
Dornhai (Seeaal, Schillerlocken)
Dorsch
Dulse (Lappentang)
Edamer
Eibennuss
Eibisch (Hibiscus)
Eisbergsalat
Endiviensalat
Ente (Herz)
Entenei
Enzianwurzel
Erbse, grün
Erbsen
Erdbeere
Erdbeermarmelade
Erdbeersaftgetränk
Erdnussbutter

Erdnussöl
Essig (Apfelessig)
Essig (Rotweinessig)
Essig Aceto Balsamico
Essig Aceto Balsamico weiss
Essiggurke
Estragon
Färberdiestel (Hong Hua)
Färberginsterkraut
Fasan
Feige
Feige getrocknet
Feldsalat
Fenchel
Fenchelsamen gemahlen
Fencheltee
Fernet Branca (Kräuterbitterlikör)
Fisch Innereien
Fischreste
Fischsouce
Fischstücke gemischt (Süßwasser)
Flaschenkürbis
Flohsamen
Flunder
Forelle
Forelle (geräuchert)
Frischkäse
Frischkäse aus Soja
Frischkäse mit Kräuter
Früchtetee
Fruchtzucker (Fruktose, Traubenzucker)
Gagelpflaume
Galgant
Gans (Gänseschmalz)
Gänseblümchen
Gänseblut
Gänseei
Garam Masala Pulver
Garnele
Gelatine weiss
Gelee Royal
Gemüsesaft
Gerste
Gerste (Nacktgerste)
Gerste (Perlgerste)
Gerstengras Pulver
Gerstengraupen
Gerstengrütze
Gerstenmalz
Gerstenmehl
Getreidekaffee
Ginkgofrucht
Ginsenglikör

Ginsengwurzel
Glühweingewürzmischung
Granatapfel
Grapefruit getrocknete Schale
Grapefruit/Pampelmuse/Pomelo
Grapefruitsaft
Graskarpfen
Grüner Tee
Grünkern
Guave
Gurke
Gurke (bitter)
Gurke (Gewürzgurke)
Hafer
Hafer Flocken (Vollkorn)
Hafer Flocken geröstet
Hafer Mehl
Hafer Milch
Hafer Schmelzlocken (Babynahrung)
Hafer Schrot
Hagebutte
Hagebuttentee
Haifisch
Hammel
Hase
Hase, wild
Hefe
Heidelbeere
Heidelbeere getrocknet
Heidelbeermarmelade
Heidelbeersaft
Heilbutt
Hering
Hibiskustee
Hijiki
Himbeerblättertee
Himbeere
Himbeere getrocknet (unreife)
Himbeermarmelade
Hiobsträne (Samen) YiYi Ren
Hirsch Fleisch
Hirsch Knochen
Hirsch Nieren
Hirse
Hirseflocken
Hokkaidokürbis
Holunderbeeren
Holunderblütentee
Honig
Honigmelone
Honigwein (Met)
Hopfen
Huhn Blut
Huhn Ei

Huhn Eigelb
Huhn Eiweiß
Huhn Fleisch
Huhn Herz
Huhn Leber
Huhn Magen
Hummer
Hüttenkäse
Ingwer frisch
Ingwer Pulver
Ingweröl
Jakobstränen
Jasminblütentee
Joghurt (natur, 1,5 % Fett)
Johannisbeere (rot)
Johannisbeere (schwarz)
Johannisbeere (weiß)
Johannisbeermarmelade (rot)
Johannisbeermarmelade (schwarz)
Johannisbeernektar (schwarz)
Johannisbrotkernmehl
Kabeljau
Kaffee
Kaffeeweißer
Kakao
Kaki-Pflaume
Kaktusfeige
Kalmus
Kamille
Kaninchen Fleisch
Kaninchen Leber
Kapern (eingelegt)
Kapuzinerkresse
Karambole/Sternfrucht
Karausche
Kardamom
Karotte (Frühkarotte)
Karotte (Mohrrübe, Möhre)
Karottensaft ohne Zucker
Karpfen
Kartoffel
Kartoffel (mehlige)
Kartoffelmehl
Käsepappeltee
Kaviar
Kefir
Kerbel
Kerbel getrocknet
Kichererbsen
Kirsche
Kirsche (sauer)
Kirschenkompott
Kirschsaft
Kiwi

Klementine
Klettenwurzeltee
Knäckebrot
Knoblauch
Kohlrabi
Kohlrübe
Kokosfett
Kokosflocken
Kokosmilch
Kokosnussfleisch
Kokosraspeln
Kombualge
Kompott (Früchte der Saison)
Kopfsalat
Koriander
Koriandergrün
Korinthen (rot)
Korinthen (schwarz)
Krabbe
Krake
Kräuter bittere
Kräuter der Provence
Kräuter verschiedene
Kräuter Wildkräuter
Kräuterteemischung
Kresse
Kuhmilch (1,5 % Fett)
Kukichatee
Kümmel
Kümmel gemahlen
Kumquat
Kürbis
Kurkuma (Gelbwurz)
Kuzu
Lamm Fleisch
Lamm Knochen
Lamm Leber
Lamm Nieren
Lamm Schulter
Languste
Lauch (Porree)
Lauchzwiebel Schnittlauch
Laugengebäck
Lavendelblüten
Leberglättertee
Leinsamen
Leinsamen (geschrotet)
Liebstöckel
Liebstöckelsamen
Limabohnen
Lindenblütentee
Linsen (Helmbohnen)
Linsen gelb
Linsen rot

Linsen schwarz
Löffelbiskuit
Longane
Loquate/Japanische Mispel
Lorbeerblatt
Lotossamen
Lotoswurzeln
Löwenzahn (junger)
Löwenzahnsaft
Löwenzahnwurzeltee
Luohan-Frucht
Lychee
Lychee (Konserve)
Lycheelikör
Magermilchpulver
Mais
Mais (geröstet)
Mais (Schnellpolenta)
Mais Gries (Polenta)
Mais Mehl (Maizena)
Maishaartee
Maisstärke
Majoran
Makannastern Samen
Malventee
Malz
Malzbier
Mandarine
Mandelmilch
Mandelmus
Mango
Mangold
Mangopulver
Mangosaft
Maniokmehl
Marillen
Marillensaft
Martini
Maulbeerfrucht
Mayonnaise 50%
Mayonnaise 80%
Meeräsche
Meereskrebs
Mehrkornbrot (Graubrot)
Melisse
Miesmuscheln
Mineralwasser
Mirabelle
Miso
Miso schwarz (fermentiert)
Mispel
Mittelmeerfisch (Kabeljau, Scholle,
Schellfisch, Seeaal, Makrele)
Mixed Pickels

Molke
Moosbeere
Morchel (schwarz, getrocknet)
Mozzarella
Mu-Erh-Pilz
Mungbohne
Mungbohnensprossen
Muskatnuss
Müsli
Nachtkerzenöl
Nektarine
Nelke
Nierenbohnen (rote)
Nori, Purpurtang, Rotalge
Nudeln (Vollkorn) mit Ei
Nudeln (Weizen) mit Ei
Nudeln (Weizen, Bandnudeln) mit Ei
Nudeln (Weizen, Lasagneblätter) mit Ei
Nudeln (Weizen, Spagetti) mit Ei
Obstmischung Fruchtsaft
Odermennig
Okra
Orange
Orange abgeriebene Schale
Orange getrocknete Schale
Orange Schale
Orangenblüten
Orangenmarmelade
Orangensaft
Oregano frisch
Oregano getrocknet
Papaya
Paprika
Paprika (Rosenpaprikapulver)
Paprika (süß)
Passionsblumenblütentee
Passionsfrucht (Maracuja)
Pastinake
Peperoni
Peperoni, gelb, entkernt, halbiert
Peperoni, rot, entkernt, halbiert
Petersilie
Petersilienwurzel
Pfeffer Cayenne
Pfeffer Körner
Pfeffer weiss (gemahlen)
Pfefferminze
Pfefferminztee
Pfeilwurzelmehl
Pferd Fleisch
Pfifferlinge/Eierschwammerl
Pfirsich
Pfirsich (Dose)
Pflaume

Pflaume getrocknet
Piment
Pintobohnen gesprenkelt
Preiselbeere
Preiselbeermarmelade
Preiselbeersaft
Prosecco
Puddingpulver Vanille
Pumpernickel
Pute Brustfleisch
Pute Schinken
Qualle
Quargel 20%
Quinoa
Quitte
Radicchio
Radieschen
Reh Fleisch
Reineclaude
Reis Basmatireis
Reis Duftreis
Reis Gaoliangreis (Sorghum)
Reis Klebreis
Reis Langkornreis
Reis Reisschleim
Reis Roter
Reis Rundkornreis
Reis Schwarzer
Reis Sorte beliebig
Reis Süßer
Reis Vollkorn
Reis Wilder (Naturreis)
Reishi
Reismalz
Reismehl
Reisnudeln
Reisstärke
Rettich (weiß, grün, lila-rot)
Rettich Meerrettich (Kren)
Rettich schwarz
Rettichblätter (vom Wochenmarkt)
Rhabarber
Rind (Kalb)
Rind Filet
Rind Fleisch
Rind Fleischknochen
Rind Herz
Rind Herz (Kalb)
Rind Knochenmark
Rind Leber
Rind Lunge (Kalb)
Rind Magen
Rind Niere
Rind Ochsenschwanzstücke

Rind Suppenfleisch
Roggen
Roggen Vollkornbrot
Roggenmehl
Römersalat/Lattich-Salat
Rosenblättertee
Rosenblütentee
Rosenkohl
Rosinen
Rosmarin
Rotbarsch
Rote Grütze (ohne Zucker)
Rote Rübe
Rotkohl
Rotwein
Rum
Safran
Sago (Getreide)
Sahne 10% Kaffeesahne
Sahne sauer 10%
Sahne sauer 20%
Sake
Salbei
Salz
Salz Kräutersalz
Sanddorn
Saubohnen (Dicke Bohnen)
Sauerampfer
Sauerkirsche
Sauerkraut
Sauermilch
Sauerrahm 15% Fett
Sauerteig
Schaffleisch
Schafgarbe
Schafgarbentee
Schafmilch Joghurt
Schafskäse
Schafsmilch
Schimmelkäse
Schlehdorn
Schmelzkäse 12%
Schmelzkäse 30%
Schnaps
Schnecke
Schokolade
Schokolade (Diabetiker)
Scholle
Schwarzaugenbohnen
Schwarze Bohnen
Schwarzer Fungu Pilz
Schwarzkümmel
Schwarztee
Schwarzwurzel

Schwedenkraut (Schwedenbitter)
Schwein Blut
Schwein Bratwurst
Schwein Darm
Schwein Fett
Schwein Fleisch
Schwein Haut
Schwein Haxe (Eisbein)
Schwein Herz
Schwein Hirn
Schwein Leber
Schwein Lunge
Schwein Magen
Schwein Markknochen
(Röhrenknochen)
Schwein Mettwurst
Schwein Nieren
Schwein Schinken
Schwein Schinken gekocht
Schwein Schinken geselcht
Schwein Schinkenspeck
Schwein Schmalz
Seegurke
Sellerie Knolle
Sellerie Stangensellerie
Senf
Senf Dijon
Senf mittelscharf
Senf süß
Senfsamen
Sherry
Shiitake, getrocknet
Shrimps
Silbermorchel, getrocknet
Soja Cuisine (Soja-Sahne)
Soja Tofu
Soja Tofu geräuchert
Sojabohne
Sojabohnen, Gelbe
Sojabohnen, Schwarze
Sojabohnen, Schwarze, fermentiert
Sojabohnenmilch
Sojacreme
Sojamehl
Soja-Nudeln
Sojapaste (Miso)
Sojasauce
Spargel (grün oder weiß)
Speiserüben
Spinat
Spitzwegerichtee
Stachelbeere
Stangenbohnen (Fisolen)
Steinpilz/Herrenpilz

Sternanis
Stutenmilch
Süßholzwurzeltee
Süßkartoffel
Süßwasserfisch
Süßwasserkrebs
Tabasco
Taube
Taube Ei
Teemischung Harnsäuresenkend
Thymian
Thymian getrocknet
Tintenfisch
Toastbrot (Vollkorn)
Tomate
Tomate getrocknet
Tomatenmark
Tomatenpüree
Tomatensaft
Tonicwasser
Topfen (Quark) 20%
Trauben rot
Trauben weiß
Traubenkernöl
Traubensaft rot
Traubensaft weiß
Trüffel
Tsampa (geröstetes Gerstenmehl)
Umeboshipaste
Umeboshipflaumen (Japanaprikosen)
Vanille
Vanillepulver
Vanilleschote
Vanillezucker natur
Vogelmiere
Vogerlsalat (Pflücksalat)
Vollkornbrot
Vollkornbrot mit ganzen Körner
Vollkornmehl
Wacholderbeere
Wachskürbis
Wachtel
Wachtel Ei
Wakame
Walderdbeeren
Wasser
Wasser heiss
Wassermelone
Weißbrot (Weizenbrot)
Weißbrot Baguette
Weißbrot Brösel (Weizenbrot)
Weißbrot Knödelbrot (Weizenbrot)
Weißbrot Salzstangerl
Weißbrot Semmel

Weißdorn
Weiße Bohnen
Weißfischchen
Weißkohl/Weißkraut
Weißwein
Weißwurz
Weizen
Weizen Bier
Weizen Bulgurweizen
Weizen Fladenbrot
Weizen Flocken
Weizen Gras Pulver
Weizen Gries
Weizen Gries - Kindergries
Weizen Mehl
Weizen Mehl Vollkorn
Weizen/Roggen Grau- Schwarzbrot mit Hefe
Weizengrassaft
Weizenkleie
Wermut
Wermutkraut
Wildkräuter
Wildschwein Fleisch
Wirsing/Grünkohl
Yamswurzel, Yamswurzelknolle

Yogitee
Ysop
Ziege
Ziegen- und Schafsblut
Ziegen- und Schafshirn
Ziegen- und Schafsleber
Ziegen- und Schafsmagen
Ziegen- und Schafsmilch
Ziegenkäse
Zimtpulver
Zimtstange
Zitrone
Zitrone Saft
Zitrone Schale
Zitrone, Limette
Zitronengras
Zitronenmelisse (frisch)
Zitronenmelisse (getrocknet)
Zucchini
Zwetschken
Zwieback
Zwiebel Frühlingszwiebel
Zwiebel rot
Zwiebel Schalotte
Zwiebel weiss

4.3   Zutaten verwenden: wenig

Colagetränk (kalorienarm)
Stevia (Süßkraut)

Zuckerersatz (Süßstoff)

5 Komplementär

5.1 Dekokt (Abkochung)

5.1.1 Pfeffer (schwarz)

Stärkt Magen und Verdauungssystem, entgiftet, bakterizid, wirkt als Gegenmittel gegen Fisch- und Fleischvergiftungen.
1,5-3 g, in zwei Dosen 30-40 Minuten nach dem Essen trinken
Nicht anwenden bei: Entzündungen im Verdauungstrakt.

5.1.2 Wacholderbeeren

Fördert Verdauung. Gut gegen Appetitlosigkeit, Müdigkeit, Rheuma, Gicht, Abwehrschwäche, Reizblase. Harnregulierend.
2 Teelöffel des Tees mit 250 ml kochendem Wasser übergießen und 10 Minuten ziehen lassen. Danach absieben. Nach Bedarf 2 bis 3 Tassen pro Tag trinken.
Verwendung: Tee, würzen
.
Überdosierung meiden, Schwangere und akuten Nierenkranke sollten verzichten. Bei äußerlicher Einwirkung kann es zu einer Entzündung der Haut mit Blasenbildung kommen.

5.2 Heil-Tee (Aufguss)

5.2.1 Chinesische Datteln Da Zao

Gut gegen Appetitlosigkeit, als Stärkungsmittel und zur Prophylaxe von Lebererkrankungen. Die Jujuben Frucht ist reich an Vitamin C, A und B2.
Gut gegen Obstipation.

5.2.2 Faulbaumrinde

Regt Darmperistaltik, Leber und Bauchspeicheldrüse an.
Ein halber Teelöffel voll Faulbaumrinde wird mit heißem Wasser (ca. 150 ml) übergossen und nach etwa 10 bis 15 Minuten durch ein Teesieb gegeben.
Amerikanische Faulbaumrinde stellt die Peristaltik des Darmes wieder her. Sie regt die Gallenblase und die Nebennierenrinde an. Sie hat eine beträchtliche Wirkung beim Entfernen der Ablagerungen im Darm und bringt das Verdauungssystem in Ordnung, indem die Sekretion des Magens, der Leber und der Bauchspeicheldrüse angeregt wird.

5.2.3 Kümmel

Fördert Verdauung. Gut gegen Appetitlosigkeit, Magenschwäche, Diarrhöe, Übelkeit, Darmkoliken, Magenkrämpfe, Husten.

5.2.4 Wermut

Gut gegen Appetitlosigkeit, Verdauungschwäche, Magenkrämpfe, Blähungen, Gastritis, Erschöpfung, Reizbarkeit, Medikamenten- und Nahrungsmittelunverträglichkeit, Fieber, Grippale Infekte, Parasiten.
1 TL auf 1/2l Wasser
Wermut - Wird nicht nur verwendet, um Würmer zu eliminieren; er ist außerdem eine höchst wirksame Leber- und Verdauungshilfe. Er ist auch dabei behilflich, Blockaden zu entfernen, die eine träge Menstruation erzeugen. Es ist immer am Besten, dieses Kräutermittel in Verbindung mit anderen Kräutern einzunehmen.
Medizinische Anwendungen: Blutarmut, Arthritis, Blähungen, Kreislauf, Erkältungen, Verstopfung, Depression, Ödeme, Ohrenschmerzen, Fieber, Frauenleiden, Winde, Gallenblase, Gallensteine, Gicht, Herzbrennen, Hepatitis, Gelbsucht, Nierenleiden, morgendliche Übelkeit, Übelkeit, Fettleibigkeit, Parasiten, Rheumatismus, Magenleiden, Würmer.
Eigenschaften: Abortiv wirkend, alterativ, Appetit fördernd, Wurmmittel, antibiotisch, Anti-Depressionsmittel, entzündungshemmend, fiebersenkend, antiseptisch, aromatisch, Bittertonikum, Mittel gegen Blähungen, galletreibend, verdauungsfördernd, Eintritt der Monatsblutung förderndes Mittel, magenstärkend, Wurmmittel.
Nicht in der Schwangerschaft verwenden. Es ist immer am Besten, dieses Kräutermittel in Verbindung mit anderen Kräutern einzunehmen.

5.3 Komplementäre Anwendung

5.3.1 Autogenes Training

Diese Technik dient zur Entspannung, Schmerzreduzierung und zur formelhaften Vorsatzbildung.
Diese Technik dient zur Entspannung und zur formelhaften Vorsatzbildung. Durch das bewusste „selbst"-Empfinden wird der Körper entspannt und die Trennwand zwischen Bewusstsein und Unterbewusstsein durchlässiger. Dies ist die beste Voraussetzung, um dann mit persönlichen Formeln auch die seelische Spannungen zu mildern oder gar aufzulösen. Dies alles kann das körperliche und seelische Wohlbefinden deutlich positiv beeinflussen. Dabei werden in meditationsählichen Zuständen seelische oder körperliche Zustände erfahren und versucht zu beeinflussen. Wenn in einem Autogenen Training die Konzentration auf einen Schmerz gerichtet wird, kann dieser

durch den Willen zur Linderung eine effektive Linderung verspürt werden. Dabei spielen Regelkreise des Körpers mit, welche als Schutz vor weiteren Beeinflussungen auch dann einen Schmerz verspüren lassen, wenn die Ursache dafür meist schon verschwunden ist. Bei „konzentrativer Selbstentspannung" können Muskeln gelockert werden. Ich denke, dass Autogenes Training ähnlich wirkt wie eine Selbsthypnose.

5.3.2 Bewusstseinsbildung

Psychologen, Lebens und Sozialberater helfen mit Therapien Psychologen, Lebens und Sozialberater helfen mit Therapien bei Panikattacken, Ängste, Depressionen und Phobien. Die Zahl der Angstpatienten wächst deutlich. Ursachen sind unter anderem die hohen Anforderungen der heutigen Zeit, Stress, Überspanntheit, unsichere Zukunftsaussichten und schwierige familiäre Situationen. Aber auch traumatische Erfahrungen im Zusammenhang mit der Erkrankung an Krebs können Angstauslöser sein. Typische Beratungsleistungen für Einzelpersonen, Partner, Familien und Paare sind: Persönlichkeitsberatung Mediation (Konfliktberatung) Ehe-, Partnerschafts- und Familienberatung Erziehungsberatung Ernährungsberatung Berufs- und Karriereberatung Sexualberatung (Tantra)

5.3.3 Hypnose

Als Hypnose wird entweder das Verfahren zum Erreichen einer hypnotischen Trance bezeichnet, die durch vorübergehend geänderte Aufmerksamkeit und meist tiefe Entspannung gekennzeichnet ist. Als Hypnose wird entweder das Verfahren zum Erreichen einer hypnotischen Trance bezeichnet, die durch vorübergehend geänderte Aufmerksamkeit und meist tiefe Entspannung gekennzeichnet ist. Oder der Begriff bezeichnet den Zustand der hypnotischen Trance, der durch eine hypnotische Induktion erreicht wird. In diesem Zustand sind sowohl die Ansprechbarkeit des Unbewussten als auch die Konzentration auf eine bestimmte Sache stark erhöht, die Kritikfähigkeit des Bewusstseins in gleichem Maße reduziert. Dadurch können bestimmte Phänomene verstärkt oder überhaupt erst wahrgenommen werden, wie beispielsweise Änderungen des Bewusstseins und des Gedächtnisses, Kontrolle des vegetativen Nervensystems, vermehrte Empfänglichkeit für Suggestionen sowie für normales Bewusstsein ungewöhnliche Reaktionen und Vorstellungen.

5.3.4 Lichttherapie

Lichttherapie ist eine komplementäre und schonende Behandlung gegen saisonale Depressionen. Heute gibt es mit der Lichttherapie, ein komplementäre und schonende Behandlung gegen saisonale Depressionen. Die meisten Patienten fühlen sich bereits nach wenigen Anwendungen wesentlich besser und ein überwältigend hoher Prozentsatz kann sogar dauerhaft vom sogenannten SAD-Syndrom (Erschöpfungssyndrom) geheilt werden. Speziell bei chronischen Erkrankungen können die positiven Wirkungen auf die Psyche stimulieren und so einen Heilerfolg unterstützen. Eine punktuelle Lichttherapie kann bei Hautkrebs oder im Bereich von Mund und Rachentumoren eingesetzt werden. Dabei wird zunächst eine lichtempfindliche Substanz verabreicht und danach mit speziellen Lichtfrequenzen bestrahlt. Bei der Bestrahlung bilden sich aus den lichtempfindlichen Substanzen aggressive Sauerstoff Moleküle, welche die Tumorzellen direkt abtöten oder zum Verschluss von Blutgefäßen führen, wodurch ebenfalls Tumorzellen abgetötet werden.

5.3.5 Selbsthilfegruppen

Die meisten Mitglieder von Selbsthilfegruppen haben die Erfahrung gemacht, die Belastungen der Erkrankung besser zu bewältigen. Die meisten Mitglieder von Selbsthilfegruppen haben die Erfahrung gemacht, die Belastungen der Erkrankung besser zu bewältigen. Durch den Erfahrungsaustausch werden die für den jeweiligen Krankheitsverlauf besten Möglichkeiten der Mithilfe bei der Therapie erkannt. Durch die Eingliederung in eine Gemeinschaft wird auch der Zustand der Einsamkeit in seiner Situation bewältigt. Speziell bei der Lösungsfindung zu einzelnen Situationen können selbst Betroffene viel glaubwürdiger ihr Fachwissen vermitteln als Personen, welche die Methoden lediglich theoretisch gelernt haben. Die Mitglieder können außerdem meistens besser mit Ärzten und Therapeuten sprechen, weil die Themen bereits in den Gruppen besprochen wurden. Außerdem gelingt den Selbsthilfegruppen oft kritische und innovative Impulse auszudrücken, welche zur Veränderung und zum Umdenken im professionellen Bereich beitragen. In Selbsthilfegruppen wird Fachwissen zusammengetragen und durch Erfahrungen der einzelne Betroffenen ergänzt. So entsteht ein ganzheitliches Wissen, das die Mitglieder befähigt, Entscheidungen fundiert zu treffen und in unüberschaubaren System der Therapieangebote professionelle Dienste sinnvoll zu nutzen. Patienten, die in der Selbsthilfe engagiert sind, haben oft kürzere Klinikaufenthalte, weniger Therapiestunden und einen geringeren Medikamentenverbrauch.

5.3.6 Tuina Massage

Unterstützt den Stressabbau, ist Blockaden lösend und Immunsystem stärkend.
Anwendung nach Vereinbarung mit dem Therapeuten.
Nicht bei Tumoren, akute Verletzungen oder Ulzerationen der Haut.

5.4 Verschiedene Möglichkeiten

5.4.1 Kalmuswurzel

Regt Appetit und Verdauung an, lindert Verstopfung, Anämie, Verdauungsschwäche bei Milch und Käse, allgemeine chronische Schwäche.
Mittlere Tagesdosis: 1–5g Infus, Dekokt Droge oder 1–8ml Tinktur.

5.4.2 Komplementäre Vitaminpräparate

Zusätzlich zugeführte Vitamine können Ihr Wohlbefinden steigern und ermöglichen meistens einen rascheren Heilungsprozess. Bei Magen-Darmerkrankungen oder anderwärtig erhöhtem Bedarf können ergänzend Nahrungergänzungsmittel helfen.
Bitte mit dem behandelnden Arzt oder Therapeuten anhand eines Blutbildes absprechen.
Es gibt fettlösliche und wasserlösliche Vitamine. Fettlösliche werden in Depots des Körpers gespeichert und müssen nicht täglich eingenommen werden. Der Körper benötigt den Großteil der wasserlöslichen Vitamine zur Bildung von Co-Enzymen. Wen Ernährungsstörungen vorliegen sollten diese Vitamine regelmäßig zugeführt werden.

5.4.3 Liebstöckelwurzel

Fördert die Wundheilung. Gegen Müdigkeit, Harnwegsinfekte, Appetitmangel, Übelkeit und Erbrechen, Erkältungen, Hauterkrankungen.

6 Grundlagen der Ernährung

Die hier beschriebenen Grundlagen der Ernährung zeigen allgemeine Empfehlungen und beziehen sich nicht auf eine spezielle Therapieform. Die Empfehlungen der Therapie haben Vorrang.

6.1 Ernährung

Die regelmäßige Einnahme von Mahlzeiten in entspannter Atmosphäre. Ein wärmendes Frühstück gilt als guter Start in den Tag. Mittags sollte die Hauptmahlzeit stattfinden - das Abendessen am frühen Abend.

Die Beachtung von Hunger- und Sättigungsgefühlen: Nicht überessen und nicht hungern, so lautet die Regel.

Die frische Zubereitung der Speisen aus naturbelassenen, regionalen Produkten. Tiefgekühlte, hitzekonservierte, industriell vorgefertigte oder mikrowellengegarte Lebensmittel werden gemieden.

Die Auswahl von Lebensmittel nach der Jahreszeit: Im Sommer mehr kühlende Nahrung, im Winter mehr wärmende Nahrung.

Mindestens zweimal am Tag Gekochtes essen. Speisen und Getränke sollen möglichst handwarm, niemals eiskalt oder heiß sein.

Rohkost, kurz gegartes Gemüse, frisch gepresste Säfte und Mineralwasser werden üblicherweise nicht empfohlen. Milch und Milchprodukte stehen nur dann auf dem Speiseplan, wenn sie problemlos vertragen werden.

Therapeutische Rezepte nicht über einen längeren Zeitraum ohne Rücksprache mit dem Arzt oder Therapeuten einnehmen.

1. Vielseitig essen

Lebensmittelvielfalt genießen. Merkmale einer ausgewogenen Ernährung sind abwechslungsreiche Auswahl, geeignete Kombination und angemessene Menge nährstoffreicher und energiearmer Lebensmittel. (Einerseits Schutz vor Unterversorgung mit essentiellen Nährstoffen und andererseits Schutz vor einer überhöhten Zufuhr unerwünschter Inhaltsstoffe.)

2. Reichlich Getreideprodukte - und Kartoffeln

Brot, Nudeln, Reis, Getreideflocken (am besten aus Vollkorn), sowie

Kartoffeln enthalten kaum Fett, aber reichlich Vitamine, Mineralstoffe, Spurenelemente sowie Ballaststoffe und sekundäre Pflanzenstoffe. Diese Lebensmittel sollten mit möglichst fettarmen Zutaten verzehrt werden.

3. Gemüse und Obst - Nimm "5" am Tag ...

5 Portionen Gemüse und Obst am Tag, möglichst frisch, nur kurz gegart, oder auch eine Portion als Saft – idealerweise zu jeder Hauptmahlzeit und auch als Zwischenmahlzeit: Damit werden reichlich Vitamine, Mineralstoffe sowie Ballaststoffe und sekundären Pflanzenstoffe (z.B. Carotinoiden, Flavonoiden) zugeführt. Das Beste, was man für die eigene Gesundheit tun kann.

4. Täglich Milch und Milchprodukte, ein- bis zweimal in der Woche

Fisch; Fleisch, Wurstwaren sowie Eier in Maßen. Diese Lebensmittel enthalten wertvolle Nährstoffe, wie z.b. Calcium in Milch, Jod, Selen und Omega-3-Fettsäuren in Seefisch. Fleisch ist wegen des hohen Beitrags an verfügbarem Eisen und an den Vitaminen B1, B6 und B12 vorteilhaft. Mengen von 300 - 600 g Fleisch und Wurst pro Woche reichen hierfür aus. Fettarme Produkte bevorzugen, vor allem bei Fleischerzeugnissen und Milchprodukten.

5. Wenig Fett und fettreiche Lebensmittel

Fett liefert lebensnotwendige (essenzielle) Fettsäuren und fetthaltige Lebensmittel enthalten auch fettlösliche Vitamine. Fett ist besonders energiereich, daher kann zu viel Nahrungsfett Übergewicht fördern, möglicherweise auch Krebs. Zu viele gesättigte Fettsäuren fördern langfristig die Entstehung von Herz-Kreislauf-Krankheiten. Pflanzliche Öle und Fette bevorzugen (z.B. Raps-, Oliven- und Sojaöl und daraus hergestellte Streichfette). Auf unsichtbares Fett achten, das in Fleischerzeugnissen, Milchprodukten, Gebäck und Süßwaren sowie in Fast-Food- und Fertigprodukten meist enthalten ist. Insgesamt 70 - 90 Gramm Fett pro Tag reichen aus.

6. Zucker und Salz in Maßen

Nur gelegentlich Zucker und Lebensmittel, bzw. Getränke verzehren, die mit verschiedenen Zuckerarten (z.B. Glucose Sirup) hergestellt wurden. Kreativ mit Kräutern und Gewürzen und wenig Salz würzen. Jodiertes Speisesalz bevorzugen.

7. Reichlich Flüssigkeit

Wasser ist absolut lebensnotwendig. Jeden Tag rund 1-2 Liter Flüssigkeit trinken. Wasser (ohne oder mit Kohlensäure) und andere kalorienarme Getränke bevorzugen. Alkoholische Getränke sollten nicht konsumiert werden.

8. Schmackhaft und schonend zubereiten

Die jeweiligen Speisen bei möglichst niedrigen Temperaturen garen, soweit es geht kurz, mit wenig Wasser und wenig Fett - das erhält den natürlichen Geschmack, schont die Nährstoffe und verhindert die Bildung schädlicher Verbindungen.

9. Sich Zeit nehmen und das Essen genießen

Bewusstes Essen hilft, richtig zu essen. Auch das Auge isst mit. Sich beim Essen Zeit lassen. Das macht Spaß, regt an, vielseitig zuzugreifen und fördert das Sättigungsempfinden.

10. Auf das Gewicht achten und in Bewegung

Ausgewogene Ernährung, viel körperliche Bewegung und Sport (30 bis 60 Minuten pro Tag) gehören zusammen. Mit dem richtigen Körpergewicht fühlt man sich wohl und fördert die Gesundheit.

Thermik, Wirkrichtung, Verdauungskraft

Es gibt unterschiedliche Kriterien, die Wirksamkeit von Kräutern und Lebensmittel zu beurteilen. Der Einsatz der Kräuter und Zutaten basiert auf Beobachtung, was die Lebensmittel, Kräuter und Gewürze nach ihrem Verzehr im Körper bewirken. In der Medizin hat sich daraus folgendes System entwickelt: Jede Zutat oder Kraut hat eine Wirkrichtung. Außerdem gibt es noch Kräuter, die eine besondere Wirkung auf bestimmte Organe haben.

Voraussetzung für einen gesunden Stoffwechsel ist es, darauf zu achten, dass wir ausreichend Energie aus der Nahrung gewinnen und der Verdauungsprozess so wenig Energie wie möglich verbraucht. Eine bekömmliche Mahlzeit macht zufrieden und satt, verursacht keine Blähungen und keine Müdigkeit nach dem Essen. Richtiges Würzen erhöht die Bekömmlichkeit unserer Speisen. Es genügen oft schon geringe Mengen an Kräutern und Gewürzen. Sie dienen nicht dazu, uns satt zu machen, sondern helfen unseren Verdauungsorganen, die Nahrung zu verdauen.

6.2 Rezepte

Die Rezepte zeigen Ihnen welche Zutaten verwendet werden sowie mit der Kochanleitung wie diese zubereitet werden. Bei den Zutaten wird neben den Mengenangaben auch die Wichtigkeit für die Therapie angezeigt. Wenn dabei angezeigt wird "weniger als angegeben" versuchen Sie diese Empfehlung einzuhalten oder eine Alternative aus der Liste der "Empfohlenen Lebensmittel" zu finden. Meistens ist es nur eine leichte geschmackliche Änderung wenn Sie diese Zutat gänzlich weglassen.

Schonende Kochmethoden: Kochen, dämpfen, pochieren, dünsten
Scharfe Kochmethoden: Grillen, rösten, anbraten, räuchern
Ausgeglichene Kochmethoden: Frittieren, Römertopf

Auf das Einfrieren und erwärmen in der Mikrowelle sollte verzichtet
werden (Denaturierung).

6.3 Lebensmittel

Lebensmittel wirken wie Heilkräuter auf Körper und Geist, nur wesentlich
sanfter. Die Ernährungsberatung stützt sich hauptsächlich auf heimische
Lebensmittel. Das Wissen über die Wirkungsweisen jedes einzelnen
Lebensmittels und das Wissen wann welche Lebensmittel zur
Anwendung kommen, entstammt der Schulmedizin. Verwende Sie
möglichst Erzeugnisse aus ökologischen-biologischem Landbau.

Da wegen der besseren Verdaulichkeit grundsätzlich alles lange gekocht
und kaum roh gegessen wird, ist die Verträglichkeit hervorragend.

Die Einteilung der Lebensmittel entsprechend ihrer Wirkung auf den
Körper und bildet die Basis, um einen ausgewogenen und harmonischen
Gesundheitszustand im Körper zu erreichen.

Grundsätzlich empfiehlt die Ernährungsberatung keine bestimmten
Lebensmittel für Jedermann. Ausschlaggebend für den individuellen
Speiseplan ist vor allem die persönliche Konstitution.

Kaufen Sie nur frisches und reifes Obst und Gemüse ein. Braune Stellen,
welke Blätter aber auch unreifes Obst und Gemüse sollten Sie im
Supermarkt zurücklassen. Greifen Sie dann zu Tiefkühlware (keine
Fertiggerichte!). Tiefkühlobst und -gemüse werden kurz nach dem Ernten
schockgefroren und enthalten deshalb oftmals mehr Vitamine und
Mineralstoffe, als die Ware aus der Obst- und Gemüsetheke! Konserven-
und Dosenware dagegen enthält wesentlich weniger Biostoffe. Zudem
werden Letztere meist mit Salz, Zucker usw. angereichert. Lassen Sie die
Zutaten nach dem Waschen nie im Wasser liegen, denn so gehen viele
Vitalstoffe ins Wasser über! Putzen Sie Salate, Früchte und Gemüse erst
unmittelbar vor Verzehr.

Beachten Sie bitte die hygienische Verarbeitung der Lebensmittel.
Waschen Sie Ihre Salate, Früchte und Gemüse gründlich. Bei Gerichten
mit Fleisch bereiten Sie zuerst die Zutaten vor und verarbeiten dann die

Fleischprodukte. Reinigen Sie danach die Arbeitsflächen und Werkzeuge besonders gründlich. Holzunterlagen sollten regelmäßig mit leichtem Desinfektionsmittel behandelt werden um die Keimbildung einzuschränken.

Bewahren Sie Obst und Gemüse möglichst getrennt voneinander auf. Auch geerntete Früchte und Gemüse leben und strömen z.B. Ethylengas aus, das andere Sorten schneller reifen und altern lässt. Fleisch und Fisch in der verschlossenen Verpackung lassen oder in luftdichten Boxen im Kühlschrank aufbewahren.

6.4 Kräuter

Bei der Aufbewahrung und Lagerung von Heilkräutern, müssen gewisse Grundregeln beachtet werden. Grundsätzlich müssen Heilkräuter geschützt vor direkter Sonneneinstrahlung, vor Feuchtigkeit und vor heißen Temperaturen gelagert werden.

Als Gefäße für die Lagerung von Heilkräutern können Gläser, Keramik-Behälter und zur Not auch Plastik-Dosen eingesetzt werden. Plastik ist aber ein sehr unreines Material und sollte daher wirklich nur eine kurzfristige Notlösung sein. Bei Glasbehältern ist darauf zu achten, dass dunkles Glas verwendet wird.

Heilkräuter können nicht beliebig lange aufbewahrt werden. Die Haltbarkeit von Heilkräutern ist auf jeden Fall begrenzt. Durch die Haltbarkeitsdauer kann durch sachgerechte Lagerung wesentlich erhöht werden. So soll der Lagerplatz dunkel, eher kühl und absolut trocken sein. Ein Medizinschrank aus Holz, der nicht direkt bei einer Wärmequelle platziert ist wäre ideal. Um Ihre Heilkräuter nicht wegwerfen zu müssen, kaufen Sie nicht zu große Mengen an Heilpflanzen. Beschriften Sie die Behälter mit dem Namen des Heilkrauts und dem Datum der Ernte bzw. der Verarbeitung.

7 Weitere Ernährungsvorschläge

Folgende Syndrome der Diätetik, der TCM oder als Therapieergänzung bei Krebs sind verfügbar.

DIÄTETIK

1. Ernährung des Säuglings - Beikost
2. Ernährung in der Stillzeit
3. Ernährung im Alter
4. Ernährung von Kindern und Jugendlichen
5. Ernährung von Sportlern
6. Leichte Vollkost
7. Schwangerschaft
8. Vollkost

Eiweiß und Elektrolyt – Nieren
9. (Hämo-)Dialysebehandlung
10. Akutes Nierenversagen
11. Chronische Niereninsuffizienz
12. Nephrotisches Syndrom
13. Nierensteine (Nephrolithiasis)

Gastrointestinaltrakt - Bauchspeicheldrüse
14. Akute Pankreatitis (Entzündung der Bauchspeicheldrüse)
15. Chronische Pankreatitis (Entzündung der Bauchspeicheldrüse)

Gastrointestinaltrakt - Dünndarm und Dickdarm
16. Akute Obstipation (Verstopfung)
17. Chronische Obstipation (Verstopfung)
18. Colon irritabile
19. Divertikulitis
20. Erworbene Laktoseintoleranz (Laktosemalabsorption)
21. Fruktosemalabsorption
22. Glutensensitive Enteropathie (Zöliakie)
23. Kolektomie
24. Kurzdarmsyndrom

Gastrointestinaltrakt - Leber, Gallenblase, Gallenwege
25. Akute und chronische Hepatitis (Entzündung der Leber)
26. Cholelithiasis (Gallensteine)
27. Fettleber
28. Leberzirrhose

Gastrointestinaltrakt - Magen und Zwölffingerdarm
29. Akute Gastritis
30. Chronische Gastritis
31. Magenblutung
32. Ulcus ventriculi und Ulcus duodeni
33. Zustand nach Magenoperation

Gastrointestinaltrakt - Mundhöhle und Speiseröhre
34. Mundschleimhautentzündung
35. Ösophaguskarzinom (Speiseröhrenkrebs)
36. Reflüxösophagitis (Sodbrennen)

spezielle Krankheiten
37. Phenylketonurie (PKU)
38. Rheumatische Gelenkserkrankungen

Stoffwechsel
39. Adipositas (Übergewicht)
40. Diabetes mellitus
41. Essstörungen (Untergewicht)
Fettstoffwechsel
42. Hypercholesterinämie (erhöhter Cholesterinspiegel)
43. Hepatische Enzephalopathie
Herz- und Kreislauf
44. Arteriosklerose (Arterienverkalkung)
45. Herzinsuffizienz
46. Hypertonie (Bluthochdruck)
47. Hyperurikämie und Gicht
veränderter Nährstoffbedarf
48. bei Fieber
49. bei malignen Erkrankungen
50. nach Verbrennungen
51. Strahlen- und Chemotherapie

KREBS
100. Bauchspeicheldrüse
101. Blasenkrebs
102. Blutkrebs (Leukämie)
103. Brustkrebs
104. Darmkrebs
105. Magenkrebs
106. Nierenkrebs
107. Speiseröhrenkrebs

TCM
200. Blase - Feuchte Hitze in der Blase
201. Blase - Feuchtigkeit und Kälte in der Blase
202. Blase - Leere und Kälte in der Blase
203. Dickdarm - äussere Kälte befällt den Dickdarm
204. Dickdarm - Feuchte Hitze im Dickdarm
205. Dickdarm - Hitze blockiert den Dickdarm II akut
206. Dickdarm - Trockenheit des Dickdarms
207. Dickdarm - Yang Mangel (Kälte)
208. Herz - Blut Mangel
209. Herz - Blut Stagnation
210. Herz - Feuer
211. Herz - Heisser Schleim verstopft die Herzporen
212. Herz - Kalter Schleim verstopft die Herzporen
213. Herz - Qi Mangel
214. Herz - Yang Mangel
215. Herz - Yin Mangel
216. Leber - aufsteigender Leber-Yang
217. Leber - Blut-Mangel
218. Leber - Blut-Stagnation
219. Leber - feuchte Hitze in Leber und Gallenblase
220. Leber - Feuer
221. Leber - Gallenblase Qi-Leere
222. Leber - Kälte im Lebermeridian
223. Leber - Qi-Stagnation